お母さんのための
アンガーマネジメント

また、怒っちゃったがなくなる本

日本アンガーマネジメント協会
代表理事
安藤俊介

リベラル社

子育て・夫婦・身の周りの人間関係…の
抱えきれない「ストレス」。

怒りたくないのに、
イライラしてしまう！

そんなママのための、
怒りをコントロールする方法を教えます。

はじめに

怒りたくないのに、イライラしてしまう……

私が怒りの専門家をしていて感じるのは、社会全体でイライラしている人が増えていることです。

その理由の一つとして、社会が多様化し、自分の理想や期待、価値観とは違う人が多いため、そのギャップに怒りを感じるからというものがあります。

また、社会の発達により、日々処理しなくてはならない情報が増え、そこに伴うストレスで疲れや怒りを感じている部分もあります。

そんなストレスフルな社会に加わったのが、新型コロナウイルスによるイライラです。**感染予防のための行動制限、感染への不安や経済的な不安、テレワークなどの導入に伴う家族との付き合い方の変化など、大きな変化がストレスを生んでいます。**

自分に自信がもてない人が増えている！

日本アンガーマネジメント協会で、4月の半ばから5月のゴールデンウィークまで、協会のＷｅｂサイトで無料相談を行いました。そのとき、**3週間で約90件の申し込みがありましたが、そのほとんどが妻側からの家庭の問題相談でした。**

夫に対する怒りの相談に加えて特徴的だったのが、自分に対する恐怖感を持っていたことです。自分が子どもや夫に何かを行ってしまい、何らかの拍子に、児童虐待や離婚に至ってしまうのではないかと、それまで考えたこともない恐怖感に苛まれている人が多いのを感じました。

自己嫌悪から価値観を変えるチャンス

家族に対して、コロナで状況が一変したからイライラしたわけではなく、実はその怒りの種はもっと前からあったのかもしれません。

離婚の大きな理由として、価値観の不一致を挙げる夫婦は多いでしょう。でも、価値観は初めから不一致です。それを合ってると思っていただけのことかもしれません。

新型コロナウイルスに伴って生じた怒りに自己嫌悪するのではなく、夫婦の価値観、子育てに対する価値観、自分に対する価値観を考え直すチャンスにしていきましょう。

怒りをコントロールできれば、自分がもっと好きになる！

怒りの感情に振り回されずに上手に自分の怒りを相手に伝えることができれば、ストレスは今よりもっと減ります。そのうえ、**相手をうまく受け止め、自分の気持ちを伝えることができるようになるため、さまざまなことがスムーズにいくようになります。**

アンガーマネジメントは、いつでも誰にでも始められるテクニックです。

さあ、この本を手に取った今日が始まりの日です。怒りをコントロールして、上手に怒ることができる自分を目指して、さっそく始めてみましょう！

chapter 1 どうして怒ってしまうの？

contents

chapter
2 怒りの原因は自分にある

chapter 4 親子関係がよくなる伝え方

chapter
5 夫婦関係がよくなる伝え方

chapter 6 人間関係がよくなる伝え方

chapter 1

どうして怒ってしまうの？

抱えきれないストレスが怒りの火種となっている

怒る必要はなかったのに、必要以上に感情を高ぶらせて怒りを爆発させてしまったことはありませんか。その大きな原因の一つとなっているのがストレスです。

２０２０年の初めに起きた新型コロナウイルスの世界的な感染爆発は、それまでの日常生活を一変させました。世界中から届く深刻な被害状況と感染力のすさまじさを知らせるニュースにより、日本でも遠方への外出は自粛するように呼びかけられました。マスクの着用、手洗い消毒の徹底、人との接触をできるだけ避けるなど、さまざまな対策が取られるようになったことは、ご存知の通りです。

幸い、厳しい行動制限が課せられることはありませんでしたが、一時は子どもも学校や幼稚園に行けず、大人も通勤を控えて在宅勤務になるなど、「ステイホーム」が強いられました。

その結果、**なんとか保っていた仕事や家事と子育てのバランスが変化し、多くの家庭で女性の家事負担がより大きくなったのです。**朝食だけではなく、昼食、そして夕食も家族全員分用意しなければならなくなりました。家族がいる中で掃除や洗濯をいつも通りこなすのはなかなか大変です。

しかも子どもは学校がない解放感がある一方で、友達と会えない寂しさや家にじっとしていることによるストレスで反抗的です。在宅勤務の夫も「仕事をスムーズに進めるために静かにしてほしい」と妻や子どもに我慢を強いる……と、家族がいるだけでイライラが増大します。

しかも、外に出れば感染を防ぐための対策を取らなければならず、これまでのように気分転換でカフェに行くこともショッピングを楽しむこともできません。

こうして、**ストレスやマイナスの感情が自分の中にどんどんたまっていきます。**ライターの中にガスが満タンになっている状態ですから、ちょっとしたことでも火花が散れば大きな炎になってしまうのは当然です。

ステイホーム期間中、

「言うことを聞かない子どもに怒ってばかりいる」

「夫のささいな行動にいちいちイライラして、一緒の空間にいるだけで苦痛」

と訴える女性が少なくありませんでした。

「コロナ離婚」という言葉が世間を騒がせたのも、この頃です。

コロナ禍以降、テレビもネットも不安ばかりを煽るニュースがあふれています。ただでさえ日常が大きく変化し、ストレスが大きくなっているところに、まるで火に油を注ぐようにネガティブなニュースを入れている状態に、**もう限界ぎりぎりまできているという人が多いのです。**

このことを新型コロナウイルスが引き起こした数々の問題のうちの一つと考えると、一過性のものだと思ってしまうかもしれません。しかし、これは「ストレスと怒り」の関係を考えるきっかけになる出来事だと言うこともできるのです。

新型コロナウイルスはいずれ予防法や治療法が確立し、それほどまでに恐れなくてもいい時代がくるかもしれません。しかし、**「ストレスと怒り」は生きていく限り無縁ではいられません。イヤな出来事があるたびにストレスに飲み込まれ、怒りにとらわれないよう、気持ちの切り替えが必要なのです。**

子どもに、夫に、ママ友に……カッとなって怒りが爆発するのはなぜ？

「子どもが生まれてから、なぜか怒りっぽくなった気がする」
「夫が家事もせずダラダラしていて、イライラする」
「ママ友のちょっとした言葉がすごく気にさわる」……

そんなふうに感じたことはありませんか？　本当ならいつも穏やかに笑っている、優しいママでいたいのに、気がつけば子どもをガミガミ叱っている、夫のささいな言動にカチンときてしまう。そして、子育て仲間であるはずのママ友とケンカしてしまう……。

「いつも怒ってばかり」と、自分のことがイヤになってしまうという子育て世代は、少なくありません。

できればいつも笑って過ごしたいし、そのほうが自分も周りも気持ちよくいられるはずだと頭では理解していても、つい感情が爆発してしまう、そしてあとになって自己嫌悪に陥る……。

こんな負のループから抜け出し、怒りをコントロールできるようになるには、どうしたらいいのでしょう。

「べき」が裏切られると、怒りが生まれる

たとえば、子どもが3時にお菓子を食べていても、何も思わないでしょう。ところが5時くらいに食べていると、「もうすぐご飯なのに！」と怒りが爆発してしまいます。それは、**自分の中にある「こうあるべき」が裏切られたことに原因があります。**

この例でいうなら、「お菓子はおやつの時間に食べるべき」です。他にも「食事前には手を洗うべき」「学校から帰ったらすぐに宿題をするべき」「夫婦は家事を分担するべき」

など、人によってさまざまな「べき」があります。それは、自分の中で「こうあってほしい」と願う理想、「こうすることが正しい、こうあるべきだ」と信じる価値観だと言い換えることができます。

先ほどの例でも、よその子どもに対してであれば怒ることはありません。乱暴に言ってしまえば、どうでもいいのです。しかし、我が子の場合は違います。親として「子どもはこうあってほしい、こうあるべき」という理想や価値観があります。それは当たり前のことかもしれませんが、**問題は「常に自分が願う通りにはいかない」ということです。**理想と現実は違うのです。

このギャップに、怒りが生まれます。しかし、「理想と違う」というだけで怒りが燃え上がるわけではありませ

ん。自分の中に不安や不満、悲しみといった「マイナス感情」や、疲れ、ストレス、寝不足、空腹といった「マイナス状態」がたまっていると、怒りに火がつき、燃え上がってしまうのです。数式で表すと、**怒り＝「べき」が裏切られる×マイナスの感情・状態**となります。

「怒り」のメカニズムはライターで表せる

ライターを思い浮かべてください。カチッと着火スイッチを押すと火花が散りますが、それだけでは火がつきません。ガスがあって初めて炎になり、ガスの量が多いほど炎は大きく、そしていつまでも燃えていきます。

これを「怒り」という感情の発生にあてはめれば、**火花が「べきが裏切られたとき」、ガスが**

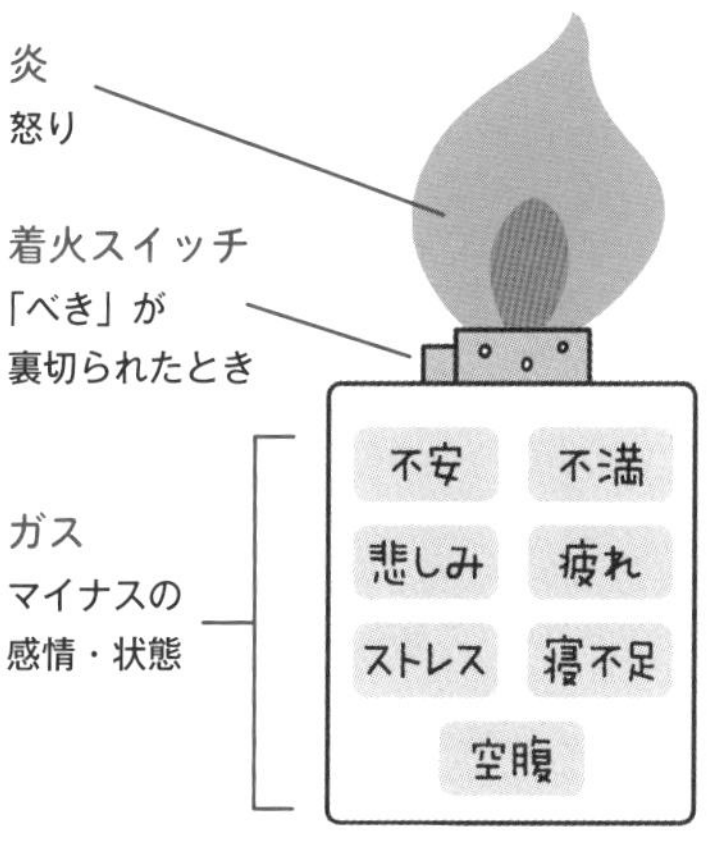

「マイナスの感情・状態」です。

自分自身が「こうあるべき」だと常日頃から思っていることと正反対のことが起きてしまうと、ライターの着火スイッチが押され、火花がチカッとまたたきます。そのときマイナスの感情や状態がたまっていると、「どうして約束を守ってくれないの?」「なぜ決めたことが守れないの?」「こんなにだらしなくていいと思っているの?」と怒りが爆発してしまうのです。

まずはこの怒りのメカニズムを覚えておきましょう。そして、できるだけ**「べきが裏切られる」回数を減らし、「マイナスの感情・状態」をなくすことを考える**、それが怒りを少なくするためのベースとなります。

親のしつけで「べき」が生まれる

人はさまざまな「べき」を持っています。

たとえば「外出先から帰ったら手を洗い、うがいをする」というのは、ほとんどの家庭で子どもにまず伝えている「べき」です。コロナ禍以降、これがさらに強化されて「家に入る前に手をアルコール消毒する」「持ち物にも消毒スプレーをかける」「着ていた服を脱いで洗濯機に入れる」など、新たな「べき」が生まれたという家庭も多いでしょう。

このように、「べき」はルールやしつけと言い換えることができます。つまり、**ほとんどの人は親からのしつけとして、子どもの頃からたくさんの「べき」を持っているのです。**

怒りは「べきが裏切られたとき」をきっかけに生まれると説明しましたが、持っている「べき」が多いほど、必然的に裏切られる回数も増えるので、怒りのライターの着火スイッチも入りやすくなると言えます。とはいえ、「べき」を持つこと自体が悪いというわけではありません。世の中にはたくさんの「べき」がありますが、そのすべてが正解です。どんな「べき」を信じていても、構いません。

不幸になる「べき」なら、手放してもいい

この「べき」のことを、アンガーマネジメントでは「コアビリーフ」と呼びます。コアビリーフとは、その人が正しいと信じている信念や価値観と考えてください。その人の核にある大切なものですが、「正しい」と信じているだけで、改めて考えてみると必ずしもそうではない場合がよくあります。

たとえば、子どもに対して「嘘をついてはいけない」と教える親はたくさんいます。しかし、これは本当でしょうか。ときには上手に嘘をついたほうがいい場面もあります。それなのに嘘を全否定すると、子どもがついたささいな嘘にいちいち激怒する、子どもも

「本当のこと」を言ったために人を傷つけてしまうなど、悪いことも起きてきます。

このように、**その信念が自分や周囲を幸せにしないこと、さらに事実ではないのに信じているものをとくに「不毛なコアビリーフ」といいます。**これらは親のしつけから生まれるものがほとんどで、「こうあるべき」と頑なに思い込むほどがんじがらめになっていき、怒りが生まれる元になっていきます。これらは幼い頃から親に言い聞かされてきたため、道徳や倫理として自分の核（コア）となりがちですが、改めて考えると不合理なものはたくさんあります。イライラしやすい、きゅうくつ、子どもに当たってしまうなど、それがあるために不幸になっている「べき」なら、もう手放してしまいましょう。

子どもの頃、親のしつけは絶対でした。親のいうことは正しく、その通りにできない自分は間違っていると思って育ってきたかもしれません。しかし、親が間違うこともあります。もう、そうした**間違ったしつけから自由になっていいのです。**なにより我が子に間違ったしつけを押しつけないためにも、自分の中にある「べき」を見直し、そして手放していきましょう。

日常生活の中で怒りが起こるとき・起きないとき

怒りは、いつも同じ条件で生じるものではありません。同じようなことが起こっても、その日、その場の自分の状態によって、優しく許せることもあれば、ものすごく強い怒りを感じたりすることもあります。

たとえば、ずっと心配していたことがようやく解決したとか、思いがけず願いがかなったなど、「ついている！」と思うことがあったとしましょう。まさに幸運が舞い降りたと感じたとき、人は幸福感に満たされています。そんなとき、子どもが牛乳をこぼしてしまったとしても、おそらく「大丈夫？」と優しく対応できるはずです。

ところが、**体調が悪い、疲れている、心配事がある、他のことで不満がたまっているなど、「マイナス」がたまっている状態だと、どうでしょう。同じことが起きても怒りが爆発してしまいます。**それどころか、牛乳ではなく水を少しこぼしただけなど、明らかに前例より軽いことでも、「もう、何をしているの！」と子どもに対して激怒してしまうのです。

マイナスの感情がたまると怒りに発展

本人は意識していなくても、日常生活でこうしたことは少なくありません。

たとえば、子どもと「9時までに寝ること」というルールを決めていたとします。だいたい守られていても、ゲームが佳境に入っている、いつも見ている番組がその日に限って終わる時間が遅いなどの理由で9時に就寝することができないこともあります。

そうしたとき、あるときは「9時に寝る約束でしょう！」と怒ってテレビを消してしまうなど強引なやり方を取ることもあれば、あるときは「今日は特別ね」と大目に見ることもある……。そんな覚えがある人も多いのではないでしょうか。

これも、そのときの自分のマイナスの感情・状態がどうなっているかに左右されているのです。

このように、**怒るか、怒らないか、どのくらい怒るのかは、出来事で決まるわけではなく、そのときの自分にどれくらいのガス＝マイナスの感情・状態がたまっているかで決まっているのです。**

9時を過ぎてゲームしていて…
今日は特別ね♡
コラ〜ッ
怒りの大きさは出来事自体で決まらない

「怒りは我慢するべき」という大きな間違いに気づく

同じことが起きても怒りが爆発して怒鳴ってしまうこともあれば、仕方ないと受け止めることもあるという話をしました。

そのことに気づくと、自分の理不尽さがイヤになってしまうかもしれません。とくにその日の気分によって言うことが変わる、「○○をしてはいけない！」と強く命じるといった親に育てられ、親の顔色をうかがうような子ども時代を過ごしていた人ほど、「ああはなるまいと思っていた親になっている自分」に気づいて自己嫌悪にとらわれてしまいがちです。

それだけならいいのですが、「もう怒るのはやめよう」と誓いを立ててしまうと、これは困ったことになります。

まず、知っておきたいことは、「怒りは自然な感情」ということです。

●怒りは遺伝子に刻まれた防衛感情

大昔、私たちの祖先はいつ獣に襲われるかわからない、危険と隣り合わせの生活を送っていました。そうした生活では、敵が現れたとき、身を守る力が必要です。それが、怒りの役割でした。

怒りという感情が生まれると、アドレナリンなどの脳内物質が大量に出て、体がいつも以上の力を出せる状態になります。そうして、私たちは危険に立ち向かい、生き延びてきたのです。

こうした脳の働きは、天敵から襲われる危険のなくなった現代にも残っていて、自分にとって大切なものが危機にさらされたときに、人は怒りの感情を使って大切なものを脅威から守ろうとするのです。**「怒り」は、身を守る防衛感情なのです。**

怒りは我慢するのではなく、受け入れる

怒りという人として自然な感情を我慢すると、それは「辛い・苦しい」という感情や「どうして自分は怒ってしまうのだろう」という責める気持ちになり、マイナス感情となって自分の中にたまっていきます。

そして、マイナス感情というガスが満タンになったとき、ほんのささいなことで怒りが大爆発を起こしてしまうのです。

これでは怒りをぶつけられた相手を傷つけるだけでなく、小さなことで必要以上に怒ってしまったと自分を責め、自己嫌悪が深まってしまいます。

このような悪循環をなくすためには、「怒りをやみくもに我慢しない」ことが大切です。とはいっても、「怒りは自然な感情だから、どんどん出して構わない」ということではありません。

怒りを覚えたときは、「怒っている自分」を受け入れましょう。

自分の中にあるライターを想像し、着火ボタンが押され、チカッと火花が散ったことを自覚したら「ああ、今私はイラッときたな」と思いましょう。そのとき「怒っちゃいけない、我慢しなきゃ、笑わなきゃ」と感じる必要はありません。

そして「こういうことをされたら、私は頭に来るんだよね、だってそんなの納得できないもの」と自分の気持ちを受け止めることが大切です。

それがいきなり怒り出さないための第一歩です。

心を落ち着かせる6秒ルール

「べき」が裏切られるようなことが起き、さらにマイナス感情がたまっているとき、怒りの火がつくというメカニズムは、ここまで説明してきた通りです。逆に言えば、自分の中にある不毛な「べき」を減らすことと、マイナス感情を減らすことができれば、怒りは減っていくのです。

とはいうものの、「ストレスやネガティブな感情がたまっている」と自覚したところで、自分の感情や置かれた状況が一気にマイナスからプラスに好転するものではありません。また「べきが裏切られる状況」は突然やってきます。職場で大きなミスをしてしまい、落ち込んでいるときに、子どもがきょうだい喧嘩を始めておもちゃを投げつける……まさに、ガスが満タンになっているときに、ライターの着火スイッチが押される瞬間です。ついカッとなって、いつも以上に激しく怒ってしまうかもしれません。

こういうとき、怒りの火が燃えるに任せて怒鳴りつけることを避け、怒ってばかりの自分から抜け出すために実践してほしいのが「6秒ルール」です。

心の中で6秒数えるだけで、冷静さが戻ってくる

6秒ルールとは、怒りを感じたら6秒数えるという、ただそれだけの方法です。

怒りは、生きるか死ぬかの危機に直面したときにいつにない力を出すために必要だと説明しました。この怒りを抑える役割をするのが前頭葉の働きです。前頭葉には理性的な判断や論理的な思考をつかさどる役割があり、理性はここで生まれます。

そして、瞬時に爆発する怒りに対し、前頭葉が働くようになるまで、少し時間がかかり

ます。それが「6秒」です。つまり、**激しい怒りを感じても、6秒経てば理性が働き始め、冷静さを取り戻すことができるのです。**

理性を取り戻すことなく、怒りの感情に突き動かされてしまうと、本来なら言ってはいけないような言葉を吐いて相手を深く傷つけてしまう、怒りに我を忘れて叩く、物に当たるなどの暴力行動に出てしまうと、取り返しのつかないことになりかねません。

イラっとしたら6秒待つ

最悪の事態を避けるためにも、怒りを感じたらすぐに外に出すのではなく、6秒待ってください。口に出しても心の中でも構わないので6数えるのもいいですし、6秒間深呼吸を繰り返すのもいいでしょう。

あまりにも怒りが強くて「6秒」を忘れてしまう、ということが起こらないように、理性を取り戻すための「魔法の言葉」をあらかじめ決めておくのもよい方法です。たとえば、「大丈夫、大丈夫」と唱えてみたり、「なんとかなる、なんとかなる」「落ち着いて、落ち着いて」など、どんな言葉でも構いません。あるいは、子どもやペットの名前、好きなスイーツなど、そのことを思うと気持ちが落ち着くような言葉なら、どんなものでも構いません。好きな歌のワンフレーズもいいでしょう。

ムカッときたときに、一緒にいる人に「落ち着いて」「大丈夫よ」と言ってもらえたり、「ところであれはどうなった?」などと関係ない話をふられたりすると、怒りがスッと引きますよね。これを自分自身でやるのです。唱えるうちに6秒過ぎれば、怒りを抑えることができます。

ポイントは相手を攻撃する言葉を使わないことです。「バカ」などののしり言葉も怒りが大きくなるだけで逆効果ですので、気をつけましょう。

怒りっぽさはどこからくる？「許せる範囲」を大きくしよう

怒りが生まれたとき、それを爆発させないために「6秒ルール」を使うのが有効ですが、それより前に、「怒りが生まれないようにすること」ができれば、怒る回数はぐっと減らせます。そうすれば、人間関係は今よりよくなりますし、なにより「また怒ってしまった」と落ち込むことがなくなり、今よりずっと機嫌よく過ごすことができるはずです。

そもそも、怒りは人として必要な感情なので、「怒り＝悪いこと」と思う必要はありません。怒るべきときは怒っていい、それが大前提です。問題なのは、怒ることそのものではなく、「ささいなことですぐ怒ってしまう」「必要以上に怒ってしまう」という怒りっぽさにあります。

怒りは自分が信じる「べき」が裏切られたとき、つまり自分自身が「それが普通、当たり前」だと信じていることが通らなかったときに生まれます。ところがその「常識」は単なる自分の思い込みである可能性がとても高いのです。

思い込みの3つのゾーンを意識する

同じ出来事に対し、怒る人と怒らない人がいます。これは、それぞれの人の感じる「常識」の違いに理由があります。たとえば5分の遅刻に対して、「許せない！」と怒る人は「待ち合わせ時間より少し前に到着するのが常識」と思い、「許せる」「まあ許せる」と感じる人は、「5分くらい遅れることもあるだろう」と思います。

つまり、**怒りっぽい人は、「常識」の範囲が狭いため、「許せる」の範囲も狭くなってしまい、「許せない」の範囲が大きくなっているのです。**

「許せる」「許せない」の範囲はくっきりと二分されるものではなく、次ページの図のように、３つのゾーンに分かれています。

- **許せるゾーン**……自分の「常識」「べき」に合っていて、怒りを全く感じないレベル。
- **まあ許せるゾーン**……自分の「常識」「べき」にぴったり合っているわけではないが、受け入れられるレベル。
- **許せないゾーン**……自分の「常識」「べき」と大きく違っていて、受け入れることができないレベル。

怒りっぽい人は、内側にある「許せるゾーン」と「まあ許せるゾーン」が狭く、「許せないゾーン」が広いため、ささいなことで怒ってしまうのです。そのうえ、日によって「まあ許せるゾーン」が広くなったり狭くなったりするので、「昨日は許せたことが、今日になったら許せない」ということが起こり、周囲を混乱させてしまうのです。

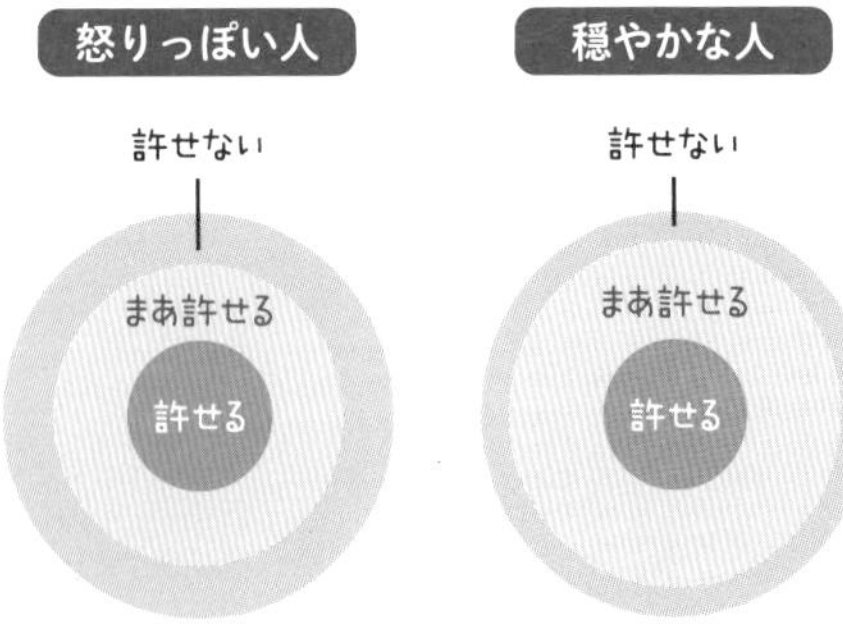

怒りっぽい人は穏やかな人に比べて、「まあ許せる」の範囲が狭く、「許せない」の範囲が広いのが特徴です。

とくに相手が子どもの場合、親が怒る理由が日によって変わるので、何が正しいのかがわからず、ひたすら親の顔色をうかがうようになってしまいます。このままでは子どもが人の顔色や機嫌をうかがってばかりで自分のやりたいことができなくなるという、暗い未来を迎えかねません。

「まあ許せる」のゾーンを広くする

こうならないためには、「まあ許せる」のゾーンを広くすることを意識してみましょう。最初の一歩はイラッときたときに「それ、怒ること？」と自問すること。それが、がんじがらめになっている「べき」をゆるめるということにつながります。

いくら「普通そうでしょ!?」と怒っても、相手が「いや、そうではない」と思っていたら、お互いが交わることは、おそらく永遠にありません。そうしたとき、なんとか相手の価値観を変えようとしても、ほとんどの場合、それは不可能です。

だとしたら、**自分の価値観をゆるめ、「自分とは違うけれど、まあこのくらいはいいか」と思えるほうが、怒りを感じることが少なくなるし、なにより自分自身が楽になります。**

怒りをコントロールするテクニック

私が教えているアンガーマネジメントは、1970年代のアメリカで怒りの感情と上手に付き合うための方法として生まれました。その後、時代とともに進化し、日本でも多くの人々が実践しています。

怒りに振り回されがちな人ほど、「怒りをコントロールすることはできない」と思い込みがちです。しかし、**アンガーマネジメントは「気の持ちよう」といった精神論ではなく、「テクニック」です。**

怒りという感情を理解することができるだけでなく、怒りが生まれたときに具体的にどう対処すればいいかを身につけることができます。

そもそも、**アンガーマネジメントは怒りの感情をなくすための方法ではありません。**

怒りという感情自体は人間が生まれつき持っている感情で、生きていくうえでなくてはならないものです。

子どもが言うことを聞かなかった、夫が無神経なことを言った……など、怒りに火がつくきっかけになるのは、ほんのささいなことが多いものです。

小さな怒りの火を爆発させても、スッキリすることはまれです。むしろ小さなことで怒ってしまった自分に嫌悪したり、最悪のケースでは人間関係が壊れたりと、ほぼよい結果にはなりません。

この本で、怒りをコントロールするためのテクニックを身につけて、楽しく生きていきましょう。

3つのコントロールで怒りを解消

1～3章でご紹介した、怒りの対処法は、「衝動のコントロール」「思考のコントロール」「行動のコントロール」の3つでできています。具体的に説明していきましょう。

①衝動のコントロール

イラッとしたときに反射的に反応してしまう衝動を落ち着いて対処できるようにすることです。6秒ルールなどがこれにあたり、怒りが湧いてきても冷静に対応できるようになります。

②思考のコントロール

「機嫌がよいときならそれを許せるか」と自分に確認して、**機嫌に左右されて必要以上に怒らないようにする考え方**です。穏やかな人になるため、「べき」をゆるめていくという考え方も思考のコントロールです。

③行動のコントロール

怒りを実際に行動に移すかどうかを考えることです。怒りを感じたことに対し、「自分で変えられるか、変えられないか」「重要か、そうではないか」の軸で見て、どうするかを決めます。長い目で見たときに自分や周りが幸せかで判断しましょう。

この３つのコントロールを習慣化することで、怒りがコントロールできます。自分のペースで始めてみましょう。

怒りを抑える３つのコントロール

自分の「怒りタイプ」を知って イライラをコントロールしよう

これまで、怒りはどのように生じるのか、そして、生じた怒りをどのようにコントロールすればよいのかをみてきました。

どんなことに怒りを感じやすいか、怒るとどうなるか、怒ることによりどんなトラブルを招きやすいかなど、**怒りの傾向や特徴は6つのタイプに分けられます。この「怒りタイプ」を知ることで、怒りはよりコントロールしやすくなります。**

自分がどれにあてはまるか、まずはチェックしてみましょう。

1 以下の質問について、あてはまる選択肢を選び、点数をつけてください。

質問	点数
Q1. しつけは子育てでとても大事なことだと思う	
Q2. 完璧主義と言われることがある	
Q3. 自分はプライドが高い方だと思う	
Q4. 自分が決めた段取りで物事を進めたいほうだ	
Q5. 物事を悪いほうにとらえてしまうことがある	
Q6. 思い立ったらすぐ行動できるほうだ	
Q7. 自粛警察、マスク警察の言い分はわかる	
Q8. 優柔不断な人は苦手だ	
Q9. 周りからどう見られているのか気になるほうだ	
Q10. 頑固だと言われることがある	
Q11. 人とは距離をとって付き合うほうだ	
Q12. 自分がよいと思っていることは積極的に人にも薦めたい	

すごくそう思う…６点
そう思う…５点
どちらかというとそう思う…４点
どちらかというとそう思わない…３点
そう思わない…２点
まったくそう思わない…１点

2 以下の空欄に前ページの点数を入れ、計算をしてください。合計点の最も高いものが、あなたのタイプになります。

Q1	+	Q7	=	合計	･･･▶	❶
Q2	+	Q8	=	合計	･･･▶	❷
Q3	+	Q9	=	合計	･･･▶	❸
Q4	+	Q10	=	合計	･･･▶	❹
Q5	+	Q11	=	合計	･･･▶	❺
Q6	+	Q12	=	合計	･･･▶	❻

※ 同点のものが2つ以上あった場合、それらの性質を併せ持った混合タイプです。

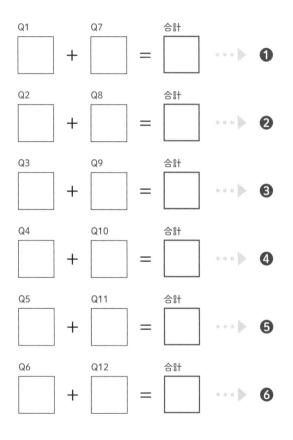

3 前ページの合計点から自分のタイプを見つけましょう。

❶しっかりママ

公明正大、ブレずに
正義を貫き通す、信念の人
→ P58

❷テキパキママ

何事もはっきりさせたい
完璧主義者
→ P60

❸リーダーママ

自信たっぷり、プライド高い
リーダー的存在
→ P62

❹こだわりママ

穏やかそうに見えて
内面は激熱な頑固者
→ P64

❺ひかえめママ

用心深く対立を避ける賢者、
実は八方美人
→ P66

❻気ままママ

自分の主張は素直に表現、
発言・行動もストレート
→ P68

❶ しっかりママ

品行方正で、人のお手本になれる逸材です。その一方で**正義感が強く、マナー、道徳、しつけといったことを美徳として重んじる風紀委員的なところがトラブルの火種になります。**不道徳であること、だらしないこと、非倫理的であることなどが許せず、世の中のダメな部分に目がいきがちで、そうしたことを正したい、正さなければならないと考える傾向にあります。

怒りのクセ・起こりやすいトラブル

- 道徳的でないこと、非倫理的なこと、正しくないと思うことが多い
- 裁く権利がなくても、自分が裁かないと気が済まない
- 正しくないこと、曲がったことが許せない

イライラを減らすには？

☑できることとできないことの線を引く

他の人の行動が間違っていると怒っても、それをすべて正すことはできません。自分ができること・できないことを見極めましょう。

☑「正しさ」にこだわりすぎない

度を越した正しさは、人を追い詰めます。気持ちや感情によって間違いを犯すのが人と思えば、気持ちが楽になります。

☑「人それぞれ」を知る

他の人を自分の尺度で測ると、相手は息苦しくなるばかり。価値観が違うのは当たり前。人それぞれの価値観や気持ちを尊重しましょう。

❷ テキパキママ

自分が決めたこと、やろうと思ったことをやり遂げる、強い意志をもった頼りがいのある人です。その一方で**物事に白黒をつけたがり、物事を極端に考える傾向があります。**人間関係においても好きか嫌いかでばっさりと切ってしまうところがあり、ともするととっつきにくい人と周りから見られることがあります。

怒りのクセ・起こりやすいトラブル

- はっきりしない人、あいまいな人が許せない
- 物事の白黒をはっきりつけたがり、中立的な立場になれない
- 完璧主義が過ぎて物事を始められず、終わらせられない

＼イライラを減らすには？／

☑ グレーを知る

物事をすべて白黒に分けようとすると、選択肢も視野も狭くなるばかり。別の視点から見て、グレーがあることを知りましょう。

☑ 価値観の違いを受け入れる

他人と価値観が違うのは当たり前、どちらが正しいわけではありません。「そういう考えもあるんだ」と受け入れることはできます。

☑ 他人を許す

判断に時間がかかる、意見を言うのが苦手という人もいます。完璧を求めすぎると自分も苦しくなります。「これでいい」と思いましょう。

❸ リーダーママ

リーダーシップを発揮することができ、明るいキャラクターとして周りから人望を集める存在です。**リーダーシップが自信過剰や傲慢さに転じてしまうと、できない人の気持ちがわからない人、上から目線の人と周りから敬遠されてしまうことがあります。**その一方で周りからの目を気にするところがあり、人の気を引くために目立とうとして余計なことをしてしまうことがあります。

怒りのクセ・起こりやすいトラブル

- 自分の思い通りにならないとイライラする
- 上から目線で他人に対して威圧的
- 尊重されていないと感じると攻撃的になる

＼イライラを減らすには？／

☑相手に求めすぎない

周りに対して「自分と同じくらいのことをするのが当然」と思いがちですが、人には「それをしない権利」があることを理解しましょう。

☑意見と批判を区別する

他人から意見されると自分を否定されたと思い、攻撃モードに入る傾向があります。意見と批判は違うものととらえましょう。

☑謙虚さを持つ

過剰な自信はいきすぎた自己アピールになり、反感を持たれやすくなります。謙虚な姿勢で他人の意見に耳を傾けるのを忘れずに。

❹ こだわりママ

足元を見ながらコツコツと決まったことを重ねていくのが得意な人です。周りから見れば安心・安全で確かな人と見られます。ただ、**頑固なところがあり、人の話が聞けなかったり、自分が決めたこと以外はやりたくないといった頑なところがあります。**物事に対するこだわりが強い半面、こだわりがないことについては我関せずで、周りからは素っ気ない人と見られることがあります。

怒りのクセ・起こりやすいトラブル

- 自分の考えを譲らず、根拠なく正しいと思い込む
- 自分の決めた手順、段取りで物事を進めることにこだわる
- 物事の整理をするのが苦手

＼イライラを減らすには？／

☑ 自分ルールをゆるめる

自分のこだわりが最もよいとは限りません。視野を広げ、人のやり方も柔軟に受け入れてみましょう。

☑ 思い通りにならないことを受け入れる

自分が決めた手順からずれるとイラッとしがち。思い通りにならないと受け入れるか、楽しいと思うことをしてストレス解消を。

☑ ときには情報を断つ

情報過多な現在、いろいろと調べることで物事が整理できなくなり、頭の中が散らかります。情報を持ちすぎないことを意識しましょう。

❺ ひかえめママ

誰とでも穏やかに付き合うことができると思われている人です。ただ、その付き合いは表面的であることが多く、実は人との距離感を慎重に見極めながら付き合うタイプです。**物事を悪いほうにとらえてしまう傾向があり、日常でストレスを感じやすいところも。**

怒りのクセ・起こりやすいトラブル

- 「あの人は○○だ」とすぐにレッテルを貼ってしまう
- 人を信じるのが苦手で、壁を作ってしまう
- 必要以上に悲観的になり、ひがみやねたみの感情を持ちやすい

イライラを減らすには？

☑ 決めつけない

思い込みやすいことを自覚し、人をよく見て、理解するように努めましょう。信頼できる人とわかれば､安心して付き合えます。

☑ 人と比べない

劣等感から怒りが生まれやすいので、人と比べることをやめましょう。自分の長所に目を向けると､怒りが減っていきます。

☑ 他人を頼る

なんでも自分でやろうとせず、小さなことから他人に頼み、甘え上手になりましょう。次第に心が開かれ､本心を出しやすくなります。

❻ 気ままママ

アクティブで、思い立ったらすぐに行動できるエネルギッシュな人です。その発想力、行動力は人から羨望のまなざしで見られます。ただ、**ともするとその行動力が押しの強さにつながり、人からは押しつけがましい人、横暴な人と見られてしまうことがあるのが玉に瑕です。**

怒りのクセ・起こりやすいトラブル

- 自分の主張を強引に通そうとするため、周囲とトラブルが生じる
- 強く言えばなんとかなると思い、圧力をかけて相手を変えようとする
- 相手の気持ちや場の空気を読めず、自分勝手

イライラを減らすには？

☑ 周りをよく見る
世界には自分だけではなく、さまざまな人と考えがあります。周りの人の表情や声のトーンを観察し、空気を読んでみましょう。

☑ ときには沈黙する
思ったことをすぐに口に出すばかりではなく、黙ることも必要な戦略と心得ましょう。状況を見て、臨機応変にやり方を変えてみましょう。

☑ すぐ行動に移さない
即断即決はときに失敗を招きます。じっくり考え、周囲の意見を聞くなど、ときには慎重に考えてから行動すると、うまくいきます。

イライラしたときの衝動を抑える、心の落ち着かせ方

「６秒ルール」以外にも、瞬間的なイライラを抑えるテクニックがあります。自分に合うものを使ってみましょう。

●魔法の言葉（好きな言葉で気持ちをポジティブに）

イラッとしたときに唱える自分の好きな言葉を決めておく手法です。頭の中で唱えたり、口に出してつぶやくことで心を落ち着かせます。

●100から引き算（意識を別のところへ）

100から３引くなど、少し複雑な計算をすることで目の前の怒りから逃れられます。怒りのレベルが低いときに練習しましょう。

●「今」に注意を注ぐ（他の対象物に視点をずらす）

目の前にあるコップなどの物体をじっと見たり、自分の今の動作を心の中で実況中継したりして、意識を他に向けましょう。

●タイムアウト（怒りと距離を置く）

どうしても怒りが収まらないとき、その怒りの対象から物理的に距離を置く手法です。そのとき無言で立ち去らないのがポイントです。

●ストップシンキング（頭の中を真っ白にする）

白い紙が頭の中いっぱいに広がる様子をイメージする手法です。怒りの内容について考えるのを止めることができます。

chapter 2

怒りの原因は自分にある

怒りの原因は自分の中にあると知る

誰でも、日常生活の中で、親として子どもには言うことを聞いてほしいとか、妻として夫には協力的であってほしいとか、家族に対してさまざまな願いや期待を抱いています。

しかし、ほとんどの場合、その期待は叶えられることなく裏切られます。子どもは言うことを聞いてくれないし、夫は協力してくれません。こんな場面で怒りが爆発するのは、母として、妻として当たり前のことだと思っていることでしょう。その裏には「怒るようなことばかりする相手に原因がある」という考えがあります。

怒りの一次感情を理解する

しかし、その怒りの原因は、本当に相手の行動や態度でしょうか。怒りを感じる背景には、必ず他の思いがあります。言わば、**怒りは二次的な感情で、その怒りを生む元になる感情があるのです。**

子どもには言うことを聞いてほしい。では、あなたにとって、子どもが言うことを聞かなければいけないのはなぜでしょうか。夫には協力的であってほしい。では、夫が協力的でなければならないのはなぜでしょうか。

答えは人によるでしょう。子どもの安全に対する不安であったり、夫と協力関係が築けず家庭環境が悪くなったり、信頼関係が失われることへの恐怖かもしれません。

このように怒りの背後には、怒りの元になる感情があるのです。**この一次的な感情を理解することで、自分の抱える怒りへの理解も深まっていくのです。**

怒りを正当化して発散する人たち

怒りを向ける先というのは、子どもや夫、上司や同僚、友達……といった身近な人たちばかりではありません。名前も知らない他人や、特定の店や企業に向けられることもあります。さらに政府、国家、特定の国といったぐあいに怒りの対象がどんどん広がっていく人も少なくありません。そうなると、あらゆるものに対していつも怒っている、というとても不健全な状態になってしまいます。

いままで平穏に暮らしてきた日常に忍耐が強いられるようになったコロナ禍で、怒りの矛先を果てしなく広げていく人が続出しました。マスクをしていない人を責めたり、営業を続ける飲食店などに嫌がらせをする「自粛警察」がその一例です。

こうした**「怒る人」は、自分が理不尽に怒りをぶつけているとは思っていません。むしろ、間違った人たちの行動を正そうとしている、つまり正義を実行していると思っているケースが多いのです。**

正義を振りかざす人の共通点

そんな正義を振りかざし、怒りを発散している人たちには、二つの共通点があります。

一つは、普段「正しくない」ということです。

何に対してでもよいのですが、自分で自分のことを認めてあげられるような、そういう自分ではないのです。自分の中に明確なものさしを持つことができていないので、正しさの限度がわからないのです。そのために、自分が正しくないと判断するものを徹底して正しくしようとしてしまうのです。

もう一つは、普段、自分の居場所がないということです。これは、会社勤めをしていても家庭があっても関係ありません。たとえば家庭があっても妻（夫）にも子どもにも相手にされていない、職場に行っても誰にも言うことを聞いてもらえない。そういう人たちは、他人と関わる手段として、間違いを指摘するという方法を使うのです。

もちろん、世の中に許してはならないことはあります。そうしたときは怒るべきです。しかし、多くの場合、人は怒らなくていいことで怒っています。怒りの原因は他人が作っているわけでも、社会が作っているわけでもありません。自分が作っているのです。

「怒ってばかりでイヤになる」とため息をつく人は、周りの至らなさに不満を感じやすい傾向にあります。それがまた、怒りを生むことに気づいてください。

「怒ってばかりだなあ」と思ったら、一度立ち止まって考えてほしいのです。もしかすると自分の中にたまったストレスを、せっせと怒りの火種に変えて、エネルギーを送り続けているだけかもしれないのですから。

SNSで植えつけられる怒りの種

とくに情報を集めようとしていなくても、次から次へと情報が入ってくるのが現代です。一説によると、**今私たちが1日に受け取る情報量は江戸時代に生きた人の1年分、平安時代に生きた人の一生分の量だとも言われています。**まさに情報の嵐にさらされているのが現代人というわけなのですが、受け取る情報量が多くなったのに比例して、情報を処理する能力も上がったというわけではありません。

「情報を処理する能力」というと漠然としていますが、要は受け取った情報が真実かそうでないかの判断や、その情報を受けて自分はどう行動するかなど、ひとつひとつの情報に対し、私たちはその都度意思決定をしているということです。そしてこの意思決定には思っている以上にエネルギーを使うため、人が1日にできる意思決定の量には限りがあると言われています。

現代人が受け取る情報量が増えた理由は、もちろんインターネットにあります。とくにここ数年で爆発的に発達したSNSは、1日の情報量をさらに増やしました。

ところで、そのSNSを、私たちは普段どのように使っているでしょうか。趣味でつながる人と交流したり、有名人の発信をチェックするといったコミュニケーションツールとして、SNSを使う人は多いのではないかと思います。

SNSは、嫉妬を募らせるメディア

実は、ここに落とし穴があるのです。**趣味の仲間であれ有名人であれ、自分がSNSでチェックする相手は、基本的には、自分がやりたいこと、あるいはやりたいけどできない**

ことを、実際にやっている人たちであることが多いです。その中でもとくに年齢や立場が近く、共通点のある人たちのことをチェックする傾向があります。

そういう意味では、住む世界が違うとか、会ったことがないとか、縁遠い人たちのように見えて、実は自分にとって非常に「近い」人たちのことを、SNSでは追いかけているわけです。**共通点がある相手が、自分にできないことをしている姿を見ては「見せびらかしてる！」と嫉妬心を募らせて、「自慢するなんて性格が悪い」などと攻撃するわけです。**

自分と全然関係ない人なら、こういう風には思いません。たとえば、ママ友がSNSに上げた料理の写真がたくさんの「いいね」を獲得すると、すごくうらやましく思うでしょう。そこには、似た環境でそれができていない自分にイライラする思いが根底にあるわけです。

一方で、共通点を持たない超有名シェフが同じ

状況になっても、環境が違いすぎるので「やっぱりすごいなぁ」としか思わないでしょう。

ＳＮＳにストレスを抱えている人は、自分に近い立場の人ばかりを追いかけて、いつも「うらやましいなぁ」と感じ、自分の怒りのタネを集めては、それを見て怒っています。**ＳＮＳの怒りの原因も、実は自分にあるのです。**

基本的にＳＮＳというのは、嫉妬のメディアなのです。

ＳＮＳで行われる、不安の答え合わせ

ＳＮＳを、ほしい情報を効率的に取得するツールとして使う人も多いでしょう。とくに子育て中の母親は、ＳＮＳの子育てコミュニティなどに参加すると、経験者からアドバイスをもらえる、迷ったときに幅広い意見を聞くことができるなど、多くのメリットがあります。家庭の愚痴を聞いてもらったり、悩みを打ち明けたりと、ＳＮＳは「井戸端会議」の現代版と言えるのかもしれません。

しかし、井戸端会議がそうであったように、ＳＮＳでの交流は、自分の不安に対する前向きな解決法を探すというより、

「みんなも同じ悩みを抱えているんだ、自分だけじゃないんだ」という安心材料を探すことのほうが多いのが現実です。

自分が抱えている不安や、「こうだったらいいのに」と思っていることに対して、都合のいい情報ばかりを無意識に集めてしまい、それに反する情報を無視したりあえて見逃したりすることを、認知心理学や社会心理学で「確証バイアス」と言います。ＳＮＳはまさにその場になっています。

たとえば、「子どもに対して怒ってばかりいる。このままで大丈夫だろうか」という不安を持っていたとすると、「大丈夫、私も同じ」「子どもは言うことを聞かないんだから、ママが怒るのは当たり前のこと」という意見ばかりを見て安心し、「あなたはただ子どもに怒りをぶつけているだけ。自分の怒りの正体を見極めるべき」といった意見は無視

してしまいます。つまり、SNSで行っているのは、「不安の答えあわせ」にすぎないのです。一時的に安心はしても、根本解決にはならず、また不安になってSNSに逃げ込む……という悪循環ができてしまいます。

情報を断捨離しよう

SNSの情報に振り回され、疲れてしまうなら、一度、情報を断捨離するとよいでしょう。**まずは思い切って、ついつい見てしまう嫉妬の対象になるようなアプリを削除し、1日〜数日だけでも見ないようにしてみてはいかがでしょうか。**

その結果、気持ちが穏やかになれるのなら、その情報を安易に取り入れる必要はないということです。自分で情報を選択し、イライラから距離をおきましょう。

身近な人にほど怒りが大きくなる理由

子どもは言うことを聞かずにイライラするし、夫も好き放題で不満がたまっていきます。ママ友からの連絡が届くたび、何かしら反応しなければとプレッシャーを感じますし、義実家からは心配のふりをしたおせっかいな電話が届き、イライラが増すばかりです。仕事に行けば、上司や同僚、そして部下が「イラッとくること」をしてくることもあるでしょう。その怒りを直接、相手にぶつけることもあるかもしれません。

身近な人に怒りを募らせる

その一方で、赤の他人にイラッとすることはあったとしても、その怒りを直接ぶつけることはほとんどないのではないでしょうか。それは「自分とは関係ない人だから」です。ほとんどの人は、名前も知らない他人に怒りを感じることはあっても、それを表に出すことはしません。それは、その人が自分にとって「遠い人」だからです。

怒りというのは、近ければ近い人ほど怒りを感じやすいという性質があります。同時にその怒りを表現しやすいのも、関係性の深い「近い人」なのです。

怒りは、自分に対する怒りが一番現れやすいで

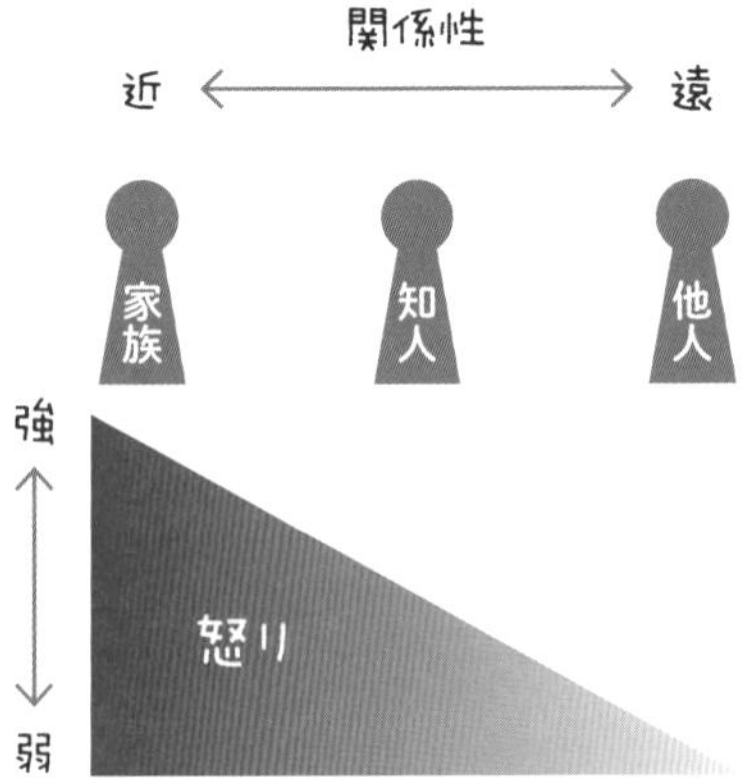

す。うまくいかない自分に苛立つという経験は誰しもあるでしょう。次いで、家族に対する怒り、知り合いに対する怒り、他人に対する怒り……という順に、怒りを感じる強さというのは落ちていきます。

近い相手には、「これくらい言わなくてもわかるだろう」、「そんなことをするはずがない」というような思い込みが強く出るのです。相手に対して「べき」をたくさん持っているために、赤の他人に対しては別に怒りを感じるようなことではなくても、どうにも頭にきてしまう場合があるのです。

怒りはポータブル

怒りの感情は、必ずしもそれが生まれた場所で爆発するものではなく、持ち運びが可能という性質を持っています。また、場所だけでなく時間も超えることができます。そのため、幼少期の怒りを別の場所で爆発させたり、怒りの感情が生まれた場所とは別の場所で、その怒りとは直接関係のない相手に対してぶつけることもあるのです。

たとえば、職場でイヤなことがあって、その怒りを時間をおいて家族に対してぶつけるといったぐあいです。本来なら、怒りの原因が生まれた場所で怒りの感情を表現し、解決させることが一番です。しかし、周りとの人間関係を考え、怒りを飲み込んでしまうこともあるでしょう。このとき、ただ飲み込んだだけなので、怒りの感情が消えるわけではありません。

晴れない思いは、自分の中でずっとくすぶり続けます。そしてその怒りを、もっとも自分が怒りを表現しやすい場所に持ち帰って発散するのです。

ほとんどの人にとって「もっとも怒りを表現しやすい場所」は家庭です。職場で火がついた怒りを、家庭など身近な人についい発散してしまうというわけです。

身近で感情をぶつけやすい相手のちょっとした言動をタネに、別の場所で生じた怒りを転嫁して、相手にぶつける。その行為は、ぶつけられる相手にしてみれば理不尽でしかありません。

しかし、**怒っている側に「別の場所から持ち帰った怒りが爆発しているにすぎない」という自覚がないと、「言うことを聞かないあなたが悪い」ということになってしまいます。**

身近な人に対して、ちょっとしたことでカチンときて怒りが生まれたときは、

「これは、本当に怒るべきことなのか？」

「私は、本当にこのことに怒っているのか？」

「もしかすると別のところで生まれた怒りを持ち込んだのではないか？」

と一度立ち止まって考えてみましょう。そうすることで、少し冷静になれるはずです。

怒りは上から下へ向かう

怒りには、上から下へ向かうという性質があります。

人が一番強く怒りを感じる相手というのは、自分より少し下だと思う身近な人間です。**家庭なら親から子、職場なら上司から部下という関係です。自分より下だと思う相手に「自分の常識」が裏切られるから苛立つのです。**

これは、単なる力関係の、目上の者から目下の者へ、という場合に限らず、その場所での力関係の上から下へという場合も含みます。

言い返してこない、ということがキーポイントになってくるので、芸能人なども「下」に位置づけたりします。怒りを持ち運び、ふとしたタイミングでそれを放出するのです。

怒りの原因は育った環境で作られる

子どもは、親のまねをして育ちます。子どもにとって、親は最初に触れ合う他者であり、その他者を手本として、さまざまなことを学んでいくのです。普段の仕草や言葉だけではなく、感情の表現についても同じことが言えます。**私たちの感情の表現方法は、基本的には親のまねをして覚えていくものです。**

もちろん年齢が上がって、学校や会社といった家の外の世界が作られ、そこで学ぶこともありますが、「三つ子の魂百まで」と言う通り、小さい頃の影響というのはやはり大きいものです。

穏やかな家庭で育つと穏やかな人になりますし、厳しい家庭で育てば厳しい人に育ちます。

これは**怒りの感情や、その原因になる「べき」についても同じです。**私たちの中にある**「○○するべき」という信念も、しつけや道徳・倫理を通じて、基本的には親のものを引き継ぎます。**

ところが、そうして学んだ信念には、実際には正しいことではなく、長期的に見れば自分や周りの人を不幸にしてしまうものもあります。

最近、子どもの心の生育に対して毒のような影響を与える「毒親」という言葉をひんぱ

んに耳にするようになりました。一言で「毒親」と言っても、子どもの進路などに口出しをする過干渉な親、育児放棄など積極的に子育てをしない親、暴力や暴言・性的虐待など精神・身体に深刻な影響を与える親などその定義は異なりますが、どの親も、子どもの価値観や感情の形成に悪影響を与えている存在です。

自分が子ども時代に親にされたことは、決して自分の子どもにはしない。それは心の中に親に対する怒り、自分の家庭に対する怒りがあるからです。そして、その怒りは自分が親になり、親とは正反対の育て方をしていたとしても消えることがありません。

それが子どもに対して怒りを感じたとき、「やはり、親がしていたような育て方をしたほうが効果があるのではないか」という迷いが生まれてしまうのです。

「力が問題を解決してくれる」という過信

いくら思い通りにならないからといって、暴力や暴言といった力に訴えていいわけはありません。

子育ては日々が難問の連続です。

赤ちゃんの頃は事故が起こらないように神経を使っていた母親も、子どもがある程度大きくなると「しつけ」に気持ちが向いていきます。

しかし、子どもは思ったようには育ってくれません。そうしたとき、優しく言って聞かせる、親が手本を見せてやる、ビシッと厳しく言うなどさまざまな方法を試していくものですが、うまくいくことのほうが少ないというのが現実です。

そもそも子どもが応えられる限度を超えた要求をしていることも多いので、これは仕方のない結果なのですが、当の親はそう思いません。

ささいなことで子どもをきつく怒り、そのあとで「どうしてこんなに怒ってしまったのだろう……」と後悔とともに罪悪感にかられる。そして自分を責める気持ちから逃れるために「あの子がもっと言うことを聞いてくれたら」「もっときちんとしてくれたら」と、子どものせいで怒ったのだとすり替える……。

これが度重なるうち、芽生えるのが「あの子を正しい方向に導くのが親の役割」と思い込み、ますますきつく怒るようになるという悪循環です。

「言って聞かせてもわからないなら、力づくで言うことを聞かせるしかないのでは」という迷いになっていきます。

自分が子どもを傷つけるという恐怖

子どもに対する暴力は決して許されないことだとわかっていながらも、どこかで「子どもは痛い思いをしなければわからない」ことを信じ、子どもをきつく怒り、だからこそ自分が子どもを傷つけてしまうことを恐れる……。

こうした人に多く見られるのが、幼少期の経験が影を落としているケースです。

子どもに暴力をふるう、ネグレクトするなどの虐待事件が起きたとき、ほとんどの親は、決まったように「しつけのつもりだった」と言います。虐待をしている意識がないのです。こうしたニュースに触れると、「子どもに怒ってばかりいる」という自覚がある人ほど、「いつかは自分もしつけと称して子どもに暴力をふるったり暴言を吐いたりして、傷つけてしまうのではないか」という恐怖心を持っています。

もし、「力では何も解決しない」と本当に信じていれば、こうした迷いが生まれることはありません。ところが、どこかで「痛い思いをさせれば子どもは言うことを聞く」という確信に近いものをずっと持っていると、ふとした瞬間に「これは叩かないといけないかもしれない」という思いがよぎり、そしてそう考えてしまう自分に恐怖を感じてしまうのです。

つまり、**「いつか怒りのあまり子どもを傷つけるのでは」と恐れる人ほど、「力が問題を解決してくれる」とどこかで信じてしまっているのです。**

感情を学び直して怒らない自分になる

親に怒りの感情をぶつけられて育ったという自覚があると、自分もいつか同じことをしてしまうのではないか、いわゆる「負の連鎖」を止めることはできないのではないかという不安におびえることがあるかもしれません。

そもそも人の感情は、放っておけば自然に生まれるというものではありません。生まれたばかりの赤ちゃんは、親が見せる表情や親が向ける感情を自分のものにしていきます。どういうときにどんな感情が湧き上がり、それをどう表現していくかについて、人は基本的に親から学び、習得していくのです。

やがて、幼稚園や保育園に通うようになり、同世代の友達と触れ合うようになります。小学校、中学校、高校と成長するにつれて、家庭の外にある世界が広がり、それと同時に人間関係もどんどん複雑になっていきます。

さまざまな年齢、さまざまな立場の人と触れ合うことで、自分が家庭で学んだ感情表現とは違うものがあることを知り、そこから影響を受け、自分なりの感情の表し方を身につけていくのです。

親の感情表現に影響を受けている

外の世界で学んだ感情やその表現の方法は大きな影響を与えるものですが、やはり基礎となるものは、小さな頃から見聞きしてきた、親の感情表現なのです。

ちょっとしたことで激昂するような感情の起伏の激しさ、昨日と今日とでは言っていることが違う理不尽さ、子どもを押さえつけるような高圧的なものの言い方など、親がしてきた怒りの表現。

それを幼い頃から間近で見て、ぶつけられてきた子どもは、成長したあと、親と同じような激しく理不尽で、高圧的な怒り方をしがちになってしまいます。**子どもを怒ったあとに自己嫌悪にかられるのは、「子どもの頃にあれほどイヤだと思っていた親の怒り方とそっくり」と気づいてしまうことにも原因があります。**そしてそれは「結局、自分も親と同じように子どもを激しく責めるような人間になってしまったんだ」と再認識することで深い絶望へとつながることもあるのです。

学び直しという救い

感情は育った環境で作られていくものだということは、残念ながら真実です。子どもの頃に獲得したものはその人の基礎となっているため、それをリセットして新たに作り直すことはできません。

しかし、**人間は学び直すことができます。自分の親が理不尽に怒る人で、自分にもその**

傾向があると気づいたら、そこから自分をコントロールすればいいのです。

子どもを殴る親に育てられた人のすべてが、子どもを殴るようになるわけではありません。その心のどこかに「もしかすると、きつく怒ったほうが効果があるのかもしれない」という気持ちが眠っていたとしても、「そうではない」ということを学習し直し、感情をコントロールすることで、暴力的に怒らない親になることはできます。

それが、他の動物とは異なり、知性のある人間の特徴なのです。仮に自分の親が毒親だったとしても、あなた自身が毒になるわけではありません。このことを信じていただきたいと思います。

自分の中にある怒りと付き合っていくために

怒りは、マイナスの感情や状態が強いときに、私たちが持っている「○○するべき」「○○であるべき」という「べき」が裏切られることで起こるものでした。

この「べき」という信念自体には、何が正しいとか、何が間違っているということはありません。

「料理は手間暇かけるべきだ」

「衛生環境には気を使うべきだ」

と、**どのような「べき」を信じていてもそれは自由です。**

それぞれに正解・不正解というのはありませんし、それが自分や周りの人を苦しめているのであれば、そのような「べき」はゆるめてしまってもよいのです。

たまには出前のお寿司を食べるのも特別感があってよいものですし、思ったことをそのまま口に出してしまうとかえって問題になることもあります。手が荒れているのに薬用石鹸を使って磨くようにゴシゴシ洗っていたら、かえって手荒れがひどくなります。

「最近余裕がないなぁ」と思ったら、自分が普段実践している「べき」が自分や周りの人を苦しめていないか、振り返ってみるとよいでしょう。

たくさんの「べき」があなたを苦しめている

一つの「べき」が「不毛なコアビリーフ」となって人を苦しめることもありますが、「べき」が多すぎることで人を苦しめる場合もあります。

子どもが家に帰ってきたときのことを想像してください。子どもが家に帰ってきて、玄関で靴を脱ぎ散らかし、バタバタと走って、手も洗わずに自分の部屋へ。部屋の中をのぞいてみると、ベッドでおやつを食べながらゲームをしている……さて、あなたはいくつ気になりましたか？

厳しいお母さんであれば、きっと
「靴はそろえて脱いで！」

「家の中では走らない！」

「外から帰ったらまず手を洗いなさいって、いつも言っているでしょう！」

「ベッドの上でおやつを食べるのもダメ！」

「汚くなるから、おやつを食べた手でゲーム機をさわらない！」

「もう、こんなにベタベタにして……それで、宿題は!?」

なんて怒り出すことでしょう。

でも、それはすべてお母さんの「べき」です。

現実には、靴が揃っていなくても、宿題をすぐにやらなくても、とくに問題はないのです。子どものほうはそんなお母さんの「べき」を、同じように「○○するべき」とは思っていません。子どもにはきちんと育ってほしい、私のほうが長く生きているから、私が親だから、私のしつけが正しいんだ……そういう思いで子どもにたくさんの要求をしても、子どものほうが困ってしまいます。

そうやって**子どもとの関係を悪くするくらいなら、子どもに守らせる「べき」は最低限のものにしぼりましょう。それを丁寧に説明するようにしたほうが、約束も守ってもらえて、怒ることも少なくて済むのです。**

「変えられる怒り」と「変えられない怒り」がある

怒りの原因は、自分が他人に対して思っている「○○するべき」が裏切られることなので、怒りを収めるためには、他人ではなく自分をコントロールする方が簡単です。

もし怒りを感じる他人をすべて変えていこうとすれば、両親から職場の上司、夫や友人や自分の子どもまで、自分の人間関係の中にいるすべての人を変えていかなければなりません。それなら、**自分一人が変わるほうがはるかに簡単なのです。**

怒りにとらわれてしまうと、素敵な未来を送る機会を手放してしまうことになるかもしれないのです。自分を支えてくれる人や幸運に気づけないことも出てくるかもしれません。過去を変えることはできませんし、過去の怒りの原因も変えることができません。

怒りにも

「変えられる／変えられない」

「重要／重要でない」という軸で見ていくと、自分の中の怒りを整理できるでしょう。

変えられるもので、重要なものであるのならば、全力で変える努力をしましょう。一方、変えられず重要でないものは、とっとと手放すべきなのです。

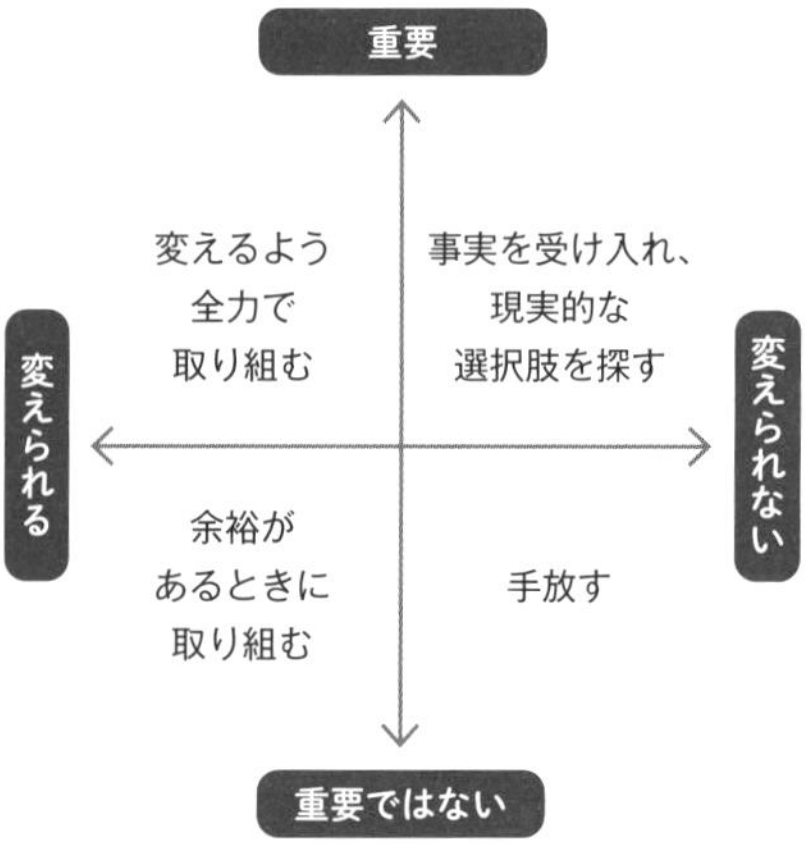

怒りの感情と向き合い、自分を見つめ直す

他人の性格・心情というものは変えられませんが、自分のあり方なら変えることができます。怒りという感情に向き合うこともまた、自分自身を見つめ直す機会となるのです。

怒りをなかなかコントロールできず、自己嫌悪に陥ることもあるでしょう。それでも、そこには解決策があるのです。自分の持つ「べき」が裏切られたときにカッとなって怒鳴らないために、**自分がどのような理由で、どのような「べき」を信じているのかをよく理解すると同時に、それが裏切られたときに、怒らずにそれを伝える技術を知っておくことがとても大切です。**

自分の中の怒りと今一度向き合ってみませんか。

次章では、その技術を紹介していきます。

色々なログで怒りを見える化し、上手に付き合おう

自分の怒りの原因や解決法を知るために、色々な種類のログ（記録法）を活用しましょう。

●べきログ

自分の怒りの原因である「べき」を見つけるためにつけます。記録することで、自分がどういう価値観を持ち、何に対して強い怒りを感じるのか、譲れないポイントは何かを理解しやすくなります。

●トリガーログ

自分の怒りが何をきっかけにして生じるかを記録します。どんな言動でイライラするかを理解できれば、衝動的な怒りを抑えられます。

●変化ログ

ストレスを減らすための目標を具体的に書き出し、達成に必要な行動を明らかにしてゆく記録です。短期間で実現できる内容を記入しましょう。

●サクセスログ

自信がつくと、怒りにくくなります。実際に起きた成功体験を記録し、自己肯定感を高めましょう。

chapter 3

怒らずに気持ちを伝える5つのポイント

Point 1
感情を爆発させず、冷静になる

お気に入りのものを壊された、自分を否定された、自分の大切な人が危ない目にあっている……

このように、自分が大切にしている物事や人を、傷つけられたり粗末に扱われたりしたときは、怒って当たり前です。むしろ、怒りを我慢したり、気づかないふりをしていると、自分の大切なものがわからなくなったり、自分を見失ったりしかねません。ですから、怒ってよいのです。

とはいえ、イラッときた瞬間に怒りを爆発させてよいということではありません。怒るときは、次のポイントを自分の中で確認しましょう。

●本当に怒る必要があるのか

とくに子どもに対して、親は必要以上に怒っていることがあります。

たとえば、宿題が終わったあとにゴロゴロしていることは、怒ることでしょうか？

単に「子どもにゴロゴロされたくない」をぶつけているだけではありませんか？

イラッときたら、まず「ここ、怒るところ？」と自問しましょう。

●自分が怒ることで何かが変わるか

物事には、変えられることと変えられないことがあります。

たとえば、雨に怒ったところで雨がやむわけではありません。同じように、夫が残業続きで帰宅が遅くなることを怒ったところで、仕事が早く終わるわけではありません。

怒ることで変えられることは怒ってもよいのですが、変わらないことなら怒るのは無駄なことです。

●怒るタイミングは今なのか

怒るときはタイミングも重要です。

子どもが危険なことをしていたら、即座に怒る必要がありますが、そうでない場合は**あとでゆっくり言い聞かせるほうが効果的な場合もあります。**たとえば子どもが集中して何かに取り組んでいるとき、テーブルいっぱいに物が広がっていたとしても、それについて怒るのはあとでよいのです。

●叩いてしまう、物に当たるなど暴力的な行動に出ないか

怒りが激しすぎると、暴力に訴えてしまうこともあります。

しかし、力に訴えても問題は解決しないどころか、相手に恐怖心を植えつけ、自分の意見を言う、やりたいことをするなどの主体性を損なうことになりかねません。

ここで怒ったら手をあげてしまいそう、物を投げつけるなどしてしまいそうと思ったら、1章で紹介した「6秒ルール」を思い出し、衝動をやりすごしましょう。

怒りは、何もないところからは生まれません。そこには必ず、言いたいこと・わかってほしいことが潜んでいます。

しかし、**イラッときた瞬間に怒鳴りつけてしまうと、恐怖感を与えるか相手に不満を感じさせるだけで、本当に伝えたいことは伝わりません。**

そこで、この章では、怒りの元となる感情の伝え方を説明していきます。先に紹介したポイントと合わせながら、できるところから取りいれてほしいと思います。

Point 2
自分の言い方次第で相手の気持ちが変わる

誰しも「やるべきことがあるのに、やる気になれない」ときがあります。そんなとき、頭ごなしに「やりなさい！」とガミガミ言われ、動き始めることができるでしょうか。重い腰をあげるどころか、「今やろうと思っていたのに、やる気がなくなった」とふてくされてしまうに違いありません。

人はただ「やれ」と言われただけで、すんなりと動くものではありません。命令されただけではやる気が起きないのです。強く言われて動き始めたとしても、気持ちが入らないまま仕方なくやっているだけなので、なかなか進まないし効率も上がりません。

必要なのは「やる」理由

何かをするとき、必要なものは「なぜこれをやるのか」という理由です。やる理由があって初めて「やろう」という気持ちが生まれ、動き出すことができる……それが基本的な心の働きです。

これは子どもでも同じことです。ただ「やれ」と言われてしぶしぶやったとしても、それは強制的にやらされていることなので効率も悪く、だらだらと時間ばかりかかります。それが勉強だとしたら、まず身につきません。

人が動くときには、

「やりたいこと(want)」

「やれること(can)」

「やるべきこと(must)」

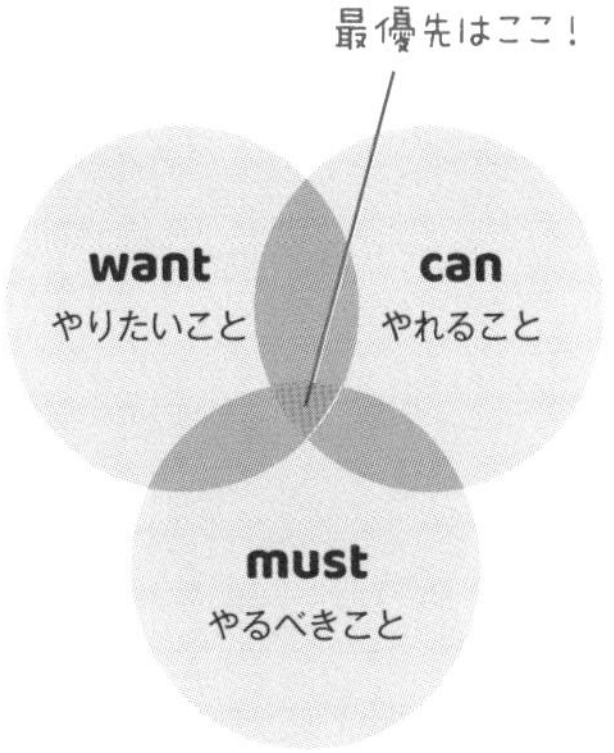

の3つの要素が必要です。人に何かをやらせたいときはこの3つを提示すると、「やりなさい」と命じなくても自分から動くようになります。

宿題をやりたがらない子どもを例に説明しましょう。

●「やる」メリットで心に響く

まず「ｗａｎｔ」について。そもそもやりたくないと思っているものを「やりたい」に変えるのは不可能のように思えるかもしれません。しかし、「これが終わったら楽しいことが待っている」など、**やることによって得られるメリットを示せば、「やりたい、やろう」という気持ちが生まれます。最もよいのは、これをやることで自分にとってどんなよいことがあるか、具体的にイメージできることです。**

いい成績がとれるよ、いい学校に入れるよ、ではおそらくあまり響かないでしょう。その代わりに今これをやることで自分がやりたいことがぐっと近づくよ、という道筋をわかりやすく伝えることです。
「やったらお小遣いをあげる」というふうにご褒美を使うと、ご褒美がないとやらないといったことになるのでおすすめしません。

「やり方」がわかれば、やる気になる

次に「can」は「自分にはできない」という思い込みをはずすことがポイントです。

スムーズにできる手順を教える、前の経験と結びつけて「あれと同じやり方」と気づかせるなど、さまざまな方法で苦手意識を取り除くとやる気が出ます。

必要に迫られれば「やる」

そして最後は「must」です。やりたいことでもやれることでも、やらなければならないことでないかぎり、なかなか手がつかないものです。

逆に、**怒られたくないからとか、宿題だからとか、必要に迫られるものがあれば、イヤなことでもやらざるを得ないのです。**

人を動かすためには、このような3つの要素が必要になるのです。

こういう事情を踏まえたうえで、普段、家庭で家族に投げかける言葉を思い出してみてください。一番思いつきやすい「must」を言うだけ、というパターンが大半ではないでしょうか。

何かしてほしいことがあるときは「must」だけで命令せず、「want」や「can」も入れて伝えるように工夫をしましょう。片付けや食事の準備など、家庭のルールやしつけでこの3つを入れるようにすると、家族が自分から進んで家事を手伝ってくれるようになり、ストレスや怒りの少ない家庭を作っていくことができます。

得意なことを頼む、相手がやりたいと思えるだけのメリットを示すなど、相手が進んで取り組みたいと思うような伝え方を心がけてみましょう。

Point 3
ゆっくりと穏やかな口調で話す

同じことを伝えるにしても、話し方で印象は大きく変わります。

まず意識したいのは、大きな声を出さないことです。なぜなら、大きな声を出すと、自分の感情が高ぶってしまい、怒りが強くなるからです。笑うから楽しくなる、怒るから険しくなると言われますが、これは逆もできます。**険しくならないように大きな声で怒らないことが、怒りをコントロールする一つの手段となります。**

怒りの強度を表現するのに、多くの人は声のボリュームを変えがちですが、実際のところ、ボリュームを上げても伝わらないことは多々あります。大声を出せば大声出すほど、向こうを威圧することになってしまうのです。そうすると、向こうは威圧されたと思い、怒りという感情を使って自分の身を守ろうします。

そのため、**大きな声で怒れば怒るほど、威圧的な態度で怒れば怒るほど、敵意を持たれてしまうのです。**「売り言葉に買い言葉」と言うように、そのつもりがなかったのに、逆ギレをしたり、言い訳をしたりと怒りによる行動をしてしまうのです。怒りの応酬になってしまうので、両方が怒っているという状態になり、伝えたいことも伝わらなくなります。

心と体は影響し合っています。怒るから声が大きくなるということもあれば、声を大きくすることで怒りが強くなるということもあります。だから、怒っているときこそ声を荒げないことが大事です。

丁寧な言葉は、自分も相手も冷静にさせる

むやみに怒らないためには、声の大きさの他に、丁寧な言葉を使うということを意識するのも大切です。乱暴な言葉遣いは、自分の心に乱暴な影響を与えてしまいます。「乱暴な言葉遣いをするからこそ怒りは増幅する」のです。気持ちがイライラしているときに穏やかな音楽をかけると落ち着くように、**怒っているときこそ丁寧な言葉遣いを心がけることで、自分の気持ちも相手の気持ちも、実は落ち着くのです。**

丁寧な言葉で怒る人を、怒鳴っている人よりも怖いと感じたことがないでしょうか。感情的に怒鳴り散らす人と理路整然と淡々と怒りを伝える人では、後者の方が圧倒的に伝わるものです。怒りに身を任せて怒鳴るのではなく、ひとつひとつ丁寧に伝えていくほうがよい方向に向きます。

伝えたいことこそ、ゆっくりと話し、言葉を少なくする

怒っているときは、次から次へと言葉を詰めて相手に投げ、間を埋めてしまいがちです。しかし、そういうときこそ言葉を少なくするとよいです。

「理解する」という行為には、自分の中に来たものを噛み砕いて理解をする作業が必要です。あまりにも早口で話すと、相手が理解できません。

相手に何かを伝えるときは、できるだけゆっくり、言葉を選んで話しましょう。冷静に話をするほど、相手には伝わりやすくなります。

言葉を選び、伝えたい思いの精度を上げる

自分が何に対して怒っているのか、どう感じているのかを的確な言葉で端的に伝えるには、語彙力を鍛えることも大切です。たとえば、「あんたのせいですごくムカつく!」とぶつけられても、理解しがたいですが、「大切なものを否定されて、悲しくて胸がつぶ

れそう」と言われると「悪いことをしてしまった……」という気持ちが生まれます。**怒りの強さを伝えたければ、変えるべきは声のボリュームではなくて、表現の強度なのです。**

語彙力がないと、自分の感情の強度を声のボリューム以外で表現できず、「だからさ、怒ってるってんだから怒ってるの！」と要領を得ない怒りをぶつけることになり、本当に伝えたいことが伝わりません。そしてボリュームを上げきっても伝わらないと思った瞬間に、手を出しまうことになるのです。

また、大人と比較して、子どもの感情表現がつたないのは、まだ言語が未発達だからです。感情表現が豊かになるためには言葉が必要で、それゆえ語彙力を増やしていく必要があります。

多くの場合、人は怒りたいから怒っているのではなく、怒ることで状況を改善したいと思っているはずです。しかし、**怒りに任せて責め立てると、相手は頑なになってしまい、状況を変えることはできません。人を動かすためにも、語彙を豊かにしていきましょう。**

Point 4

相手が頑なになるＮＧワードを使わない

食事どきにはテレビを消す、食後はキッチンまで食器を下げるといった暮らしのルール。食事までに宿題を片付ける、お風呂から上がったら就寝時間までに時間割を揃えて、明日の予習をするなどの勉強のルール。きょうだいゲンカでは絶対に手を上げない、親に対して乱暴な言葉遣いをしないといった家族間のルールなど、さまざまな決まりごとを作っているのに、それが守られていないとイラッと怒りの火花が散ります。

相手にも悪いところがあるときは、怒ってよいタイミングですし、相手もそれを受け止めて反省してくれるのが理想です。しかし、それがいつもうまくいくわけではありません。とくに親子、夫婦といった近い関係ほど、素直に「自分が悪かった、ごめんなさい」という謝罪の言葉は出てこず、「うるさいな」「いちいち言わないでよ」という開き直りの反応になってしまうのです。

こうしたとき、**自分の気持ちを伝えたいと思うあまり口にした言葉が実は逆効果だったということがあります。こうなると相手も反省するどころか頑なになってしまい、本当に伝えたいことが届かなくなってしまいます。**

本当に伝えたいことを正しく伝えるためには、次に紹介するＮＧワードを使わないことが大事です。それだけで自分の気持ちが届きやすくなります。

《怒るときに避けたいＮＧワード》

●過去を持ち出す言葉

過去に同じ注意を繰り返しているのにまた……という気持ちがあると出るのが、「この前も」「前から」「何度も」といった、過去を蒸し返す言葉です。言われた側は「いつのこと？」「ここで昔の話を持ち出す？」という戸惑いや怒りが生まれます。

怒るときは「今」に注目し、その場で起きたことのみを伝えましょう。

●決めつけの言葉

怒っている気持ちを伝えたいあまりに使いがちなのが「いつも」「絶対」「必ず」「みんな」という決めつけの言葉です。これを言われた相手には「いつもじゃない！」「この前はちゃんとやった！」という反発しか生まれず、本当に伝えたいことが届きません。たとえそうだと思っていても、大げさな決めつけは禁物です。**何か要求を伝えるときは、具体的に正確に伝えることが大事です。**

●程度の言葉

「ちゃんと」「しっかり」「きちんと」という言葉も使いがちですが、相手は「ちゃんとやったけど？」と思っているかもしれません。あいまいな言葉ですれ違いが生じ、いつまでも気持ちが正確に伝わらない原因になります。**できるだけ具体的に「どのくらい」を伝えるように心がけましょう。**

●相手を責める言葉

「どうして」「なんで」という言葉は、相手の行動の理由を問うために使うことがありますが、相手は「責められている」としか思えず、追い詰められてしまいます。「どうしてこんなことをするの!?」と問うよりも、**「そういうことはやめてね」と端的に伝えるほうが効果的です。**

また、「明日から」「次から」というように、これからに焦点を当てたワードを使って、これから相手がどうすればよいかを伝えるのもおすすめです。

そんな言い方ないんじゃないか？
ガミ
ガミ
なんでいつも間違えるの？ぜったいわざとだよね？かならずしてって言ってるじゃん
NGワード　いつも・ぜったい・かならず

Point 5

イメージしやすい言葉は相手をよい方向へ導く

やってほしいこと、改めてほしいことがあるとき、つい命令口調になったり感情的になったりしがちですが、これでうまくいくことはまずありません。

人に気持ちを伝えるとき、大切なのは相手に「それをするとどうなるか」が具体的にイメージできるような言い方をすることです。

要望だけを言ってもやる気にならない

たとえば子どもの学校に行ったとき、同じクラスのお母さんに突然呼び止められ、「P

TAの役員になってくれないと困ります！」と言ってこられても、「何を言っているの。冗談じゃないわ！」としか思えないでしょう。

実はこれと同じことを、お母さんは日々子どもに対してやっていることにお気づきでしょうか。**「勉強しなさい！」「早く寝なさい！」といった具合に、ただひたすら要望だけを感情的に言っている……そんな覚えがありませんか。これだけで「よし、やろう」という気持ちになる子どもは、まずいません。**

子どもが行動に移しやすい言い方が大事

相手に自分の言いたいことを正しく伝えるだけでなく、相手が実際に行動に移しやすい言い方をすることがとても大切となってくるのです。

子どもに勉強してほしいと伝えるとき、競争心の強い子なら

「次のテストで友達に勝ってみよう」

という言い方が効果的です。

先生のことが大好きな子なら
「先生も喜ぶよ」

という言い方をするのもよいでしょう。


親が怒っているからではなく、子どもに「お母さんが言った通りのことになったらいいな」と思わせることが大切なのです。

むやみにガミガミ言っても、人は動きません。言われた方もイヤな気持ちになります。そのイライラが、またイライラを呼びます。

相手がイメージしやすい言葉で伝えよう
次のテストで友達に勝ってみよう！
負けたくない！
よーし！勉強頑張るぞ!!

子どもにしてほしいことがあれば、要望ばかりを言うのではなく、子ども自身が「やりたい」と思えるような言い方を工夫してみましょう。

それを繰り返すうちに、子どもも自分からやるようになります。

ストレスに強くなるために 日々の暮らしに変化を取り入れよう

災害や病気の流行などの環境の変化は、なんの前触れもなく訪れるものです。だから、それに出遇うと戸惑い、ストレスを感じてしまいます。

毎日、同じような暮らしをしている人は、環境の変化に弱く、ストレスを感じやすい傾向があります。いざ災害や病気の流行などで大きな環境の変化があったとき、ストレスで苦しむというのは、変化に対する弱さなのです。逆に、日々の暮らしが変化に富んでいる人は、多少環境が変わっても平気でいられるのです。大きく生活が変わったとき、何の苦労もなく適応できる人もいれば、ストレスに苦しむ人もいるのは、こういった理由によるものです。

環境の変化に強くなるために、小さくていいので暮らしの中に意識して変化を取り入れてみましょう。無意識でやっていることをあえて変えると、初めはストレスを感じますが、それを続けることで、変化によるストレスに耐性がついていきます。

ストレスに強くなるためのトレーニング

□散歩のルートを毎日変える
□歩くとき、先に出すほうの足を変える
□ご飯のとき、食べる順番を変える
□お風呂のとき、体を洗う順番を変える
□着替えのとき、着る順や先に通す手足を変える
※まずは2週間続けてみましょう。

chapter 4

親子関係がよくなる伝え方

Case 1

子どもが情緒不安定…。イライラをぶつけられて腹が立つ

やりたいことができない、我慢ばかり強いられる……。こうした理不尽な状況は人生で何度も訪れます。大人ならうまくやり過ごす術を身につけていますが、まだ未熟な子どもは状況を受け止めることができません。その結果、情緒不安定になって親に対して反抗的になることがあります。

言うことを聞かない、言葉遣いが荒れる、物を乱暴に扱うなどの言動に、親もイライラしがちです。こういうとき、つい頭ごなしに「言うことを聞きなさい！」など怒ってしまい、「また怒ってしまった……」と自己嫌悪に陥ってしまうことがあります。

しかし、親だって感情を持つ人間です。いくら我が子であろうと、一方的にイライラをぶつけられて平常心でいられるはずがありません。

最近、「怒らない子育て」を目指す人が増えてきました。子どもの人格を否定する、感情を爆発させて怒鳴りつける、物に当たる、そしてもちろん、子どもに手をあげるような怒り方は子どもを傷つけ、怒ったあとで自己嫌悪に襲われるだけなので、避けたいもの。

しかし、**「母親だから怒ってはいけない」ということはありません。母親だって、怒っていいのです。まずは自分に「怒ること」を許してあげましょう。そのうえで、アンガーマネジメントの「行動のコントロール」（53ページ参照）を実践し、きちんと「怒りの感情」を伝えてください。**

まとめ

子どもには子どもなりに怒る理由があります。まずは「怒るのは当たり前」と子どもの怒りを受け止めましょう。そのうえで、母親の「怒りの感情」を伝えます。子どもと「怒りのルール」について話し合えると、改善につながります。

Case 2

勉強が嫌いで宿題も進まない。もっと勉強してほしいのに

「子どもは勉強するべき」と考え、「できればより多く勉強して、よりよい結果を出してほしい」と願う親は少なくないでしょう。

一方、「できることならやりたくないけれど、やらなければいけないのでやる」というのが、子どもの本音です。

真面目に勉強に取り組んで、テストでもよい点を取る子どもは、親からすれば理想的かもしれません。しかし、現実はなかなかそうなりません。このギャップに親の怒りが生まれます。

理想を押しつけられた子どもは、今のままの自分ではいけないのだと思います。理想と違う現実に親がイライラし、子どもが自己否定にかられると、両方とも不幸になるばかりです。

子どもが勉強をしない、宿題をしないというときは、まず

「ここまでしかやっていない」ではなく、「ここまでできた」という視点に切り替えましょう。できていないところに注目する「減点主義」ではなく、できたところに目を向ける「加点主義」にするのです。

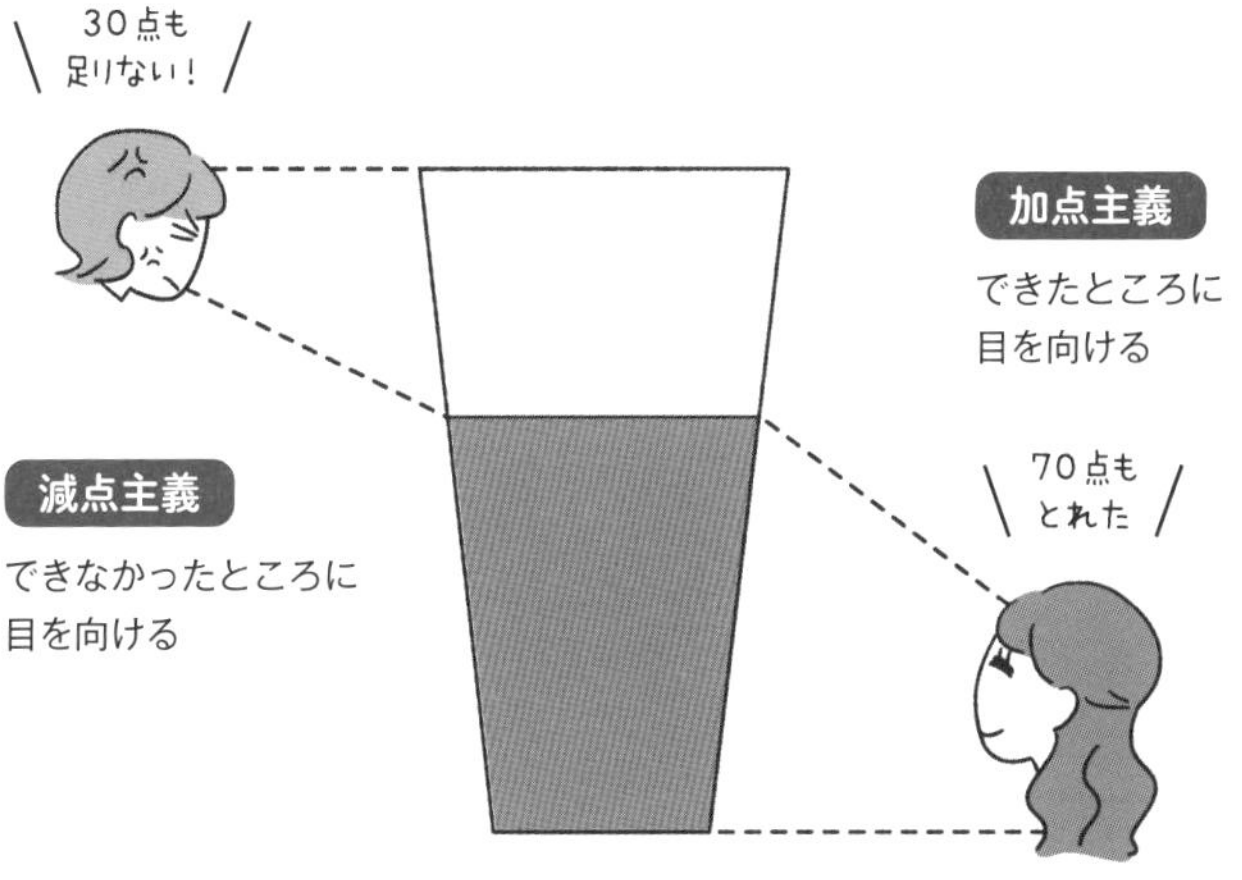
30点も
足りない！
加点主義
できたところに
目を向ける
減点主義
できなかったところに
目を向ける
70点も
とれた

10個の課題のうち4個やった場合は「4個しかできていない」ではなく、「4個もできた」と認めましょう。また、テストで95点とれた場合は「5点足りなかった」ではなく、「95点も取れた」と肯定しましょう。

このように結果に目を向けることで、親子ともに穏やかでいられます。

子どもの「できたこと」を肯定することで子どものやる気が上がり、勉強や宿題に対しても前向きに取り組むことができるのです。

まとめ

理想ばかりを追い求める完璧主義は、自分も周囲も幸せにしません。できなかったことばかりを見る「減点主義」はやめて「加点主義」に切り替え、「できた！」と伝えることで、子どものやる気を育てましょう。

Case 3

家にいると、いつもダラダラしてばかり。その姿が気になってイラッとする

夕方から夕食までは、母親にとって目が回るように忙しい時間帯です。そんなときに、テレビを見たりぼーっとしたりと、ダラダラ過ごしている子どもの姿が目に入ると、反射的にイラッとしてしまうこともあるでしょう。

しかし、そのイラッときた衝動のままに「なにダラダラしてるの！」と声を荒げたり、「ぼーっとしてないで宿題やりなさい！」「テレビを消して少しは手伝って！」などと命令してはいないでしょうか。

怠惰に過ごしているように見えたかもしれませんが、もしかすると学校の体育の授業で体力を使い果たし、疲れていたのかもしれません。あるいは、そろそろ宿題をしようと

考えていたところかもしれませんし、何か考え事をしていたのかもしれません。

そうした理由が隠れている可能性も考えず、いきなり「ダラダラしている！」と決めつけてしまうのは、思いつきで軽はずみなことを言うのと同じです。とっさの思いつきで言ったことは、ほとんどよい結果を生みません。だいたいが「言わなければよかった……」という結果になるのです。

子どもの姿にカチンときたら、6秒ルールなどで衝動を抑え、深呼吸してみましょう。

そうすれば冷静さを取り戻し、「ちょっと手伝ってくれる？」とか「そろそろご飯だよ」など、穏やかな言い方ができます。6秒待つだけで、家庭の空気がずっと穏やかになるはずです。

まとめ

ダラダラしているように見えるだけで、本当は何か理由があるのかも。反射的に何か言いたくなったら、6秒ルールを思い出して深呼吸を。そうすればもっと穏やかな言い方ができます。

Case 4

時間さえあればゲームばかり……。このままじゃ将来が心配

外遊びをせず、家でゲーム（家庭用ゲーム機やオンラインを使ったコンピュータゲーム）ばかりしている子どもが増えてきました。このことに対してよい印象を持っている大人は少なく、とくに親は「なんとかゲームをやめさせたい」と考えているのが現状です。そのため、子どもがゲームをしていると頭ごなしに怒るのでしょうが、そもそもその怒りは必要なものでしょうか。

親世代の感覚では「ゲームは悪」かもしれません。しかし今はゲームの世界大会があり、莫大な賞金を獲得する選手も世界中に存在します。新しい世界が急速に広がっているのに、古い価値観で「ゲームは悪」と決めつけていいものか、一度考えてみましょう。

そのためにも、子どもと一緒にゲームをやってみる、ゲームの実況動画などを見るのもオススメです。

そして、もう一つ。親に厳しくゲームを禁じられた反動で、大人になってからゲームに時間もお金もつぎ込んでしまうというケースが多いことをご存知でしょうか。**子どもも時代に存分に遊んでおくと、子どもは自主的にゲームを卒業するものです。ガミガミ怒るより、このほうが誰も傷つかず、平和に終息を迎えられます。**

親の価値観で「あれもダメ、これもダメ」と禁止するばかりではなく、子どもが迎える「未来」に目を向けてみましょう。親の想像を超えた世界がそこに広がっています。禁止ではなく許容することで、親の視野も広げていきましょう。

まとめ

「ゲーム＝悪」はすでに古い価値観。頭を柔軟にして、子どもから新しい価値観を教わり、「べき」をゆるめてみましょう。決めつけないことで、親も新しい世界を知ることができます。

Case 5
食べ物の好き嫌いが多い！ 作ったものを残されてムカつく

子どもが嫌う食べ物の筆頭といえば、にんじん、ピーマンでしょう。お母さんたちはなんとかしてこれを食べさせようといろいろ工夫しているようですが、それでも子どもは食べてくれない……努力を無にされるわけですから、腹が立つのは当たり前です。

がんばって料理したのに食べない！　とイライラするのはちょっとお休みにして、ここで少し視点を変えてみましょう。

たとえば子どもの嫌いな食べ物がピーマンで、どう料理しても食べようとしない場合、それは「好き嫌い」ではなく、「ピーマンを出しても子どもは食べないというパターンがある」ということ。

子どもの好き嫌いは「ワガママ」だととらえがちで、だからこそイライラするのでしょう。しかし、これが「パターン」だとしたら、あれこれ工夫をしても意味がないと思えませんか？

つまり、子どものパターンを知ってそれを避ければ、無駄にイライラすることはなくなります。

子どもの食に関しては「偏食をしてほしくない」「バランスよく食べてほしい」という願いがあるかもしれません。

しかし、それを叶えようとすると、頑張って料理しても食べようとしない子どもにイライラすることになります。

これはどちらが正しいという話ではありません。

自分が「偏食はよくないので、嫌いな食べ物でも食べさせる」ことと、「いちいちイライラするのを避け、楽しく食事をする」ことのどちらを優先させるか。それを決めるのは、自分です。

自分が何を大切にしたいのか、優先すべきことは何かを考え直すと、怒りから解放されるでしょう。

まとめ

なんとしても好き嫌いを克服させたいのか、食事によるイライラをなくしたいのか、どちらにするのかを決めましょう。多少の好き嫌いがあっても子どもは成長するのだと、おおらかな気持ちになることも大切です。

Case 6

なぜか子どもが不機嫌。家の空気が悪くなる！

どうしてなのかわからないけれど、子どもが不機嫌なときがあります。こうしたとき、理由を尋ねても「別に」で終わってしまうこともしばしば。乱暴な言葉遣いをしたり、物に当たったりするなどの問題行動があるなら対処が必要となってきますが、とくに目立った言動もなく、ただぶすっとされているとどうしようもありません。

同じ空間にいる人の機嫌は伝染します。不機嫌なオーラを放つ人がいると家の空気が重くなり、そのことでイライラしてしまう……。ネガティブな空気に引きずられ、飲み込まれてしまうのです。

そういうときは、**子どもの不機嫌を上回るほどの上機嫌になり、家の空気を変えてしまうほうが効果的です。親が上機嫌でいれば、子どももそれに引っ張られて機嫌が直っていくものです。そういう空気を作るのが大切です。**

上機嫌になるというと難しいように思えるかもしれませんが、機嫌のよいときにすることを再現するだけで気分が変わります。好きな音楽をかける、調子がよいときの口グセを言ってみる、夕食を好きなメニューにするなど、方法はたくさんあります。

自分の感情は自分のもの、人に左右されてはいけません。人の機嫌より自分の機嫌をとって、楽しくすごしましょう。母親の機嫌がよければ、家の空気は明るくなります。声のトーンを上げる、笑顔を作るだけでも気分が変わるので、ぜひお試しください。

まとめ

子どもの機嫌に引きずられてイライラするのは意味がありません。不機嫌を上回る上機嫌でいることで、自分の気持ちが軽くなるだけでなく、家の空気が明るくなり、子どもの不機嫌も消えていきます。

Case 7

子どもの言葉遣いがどんどん乱暴に。こんな子じゃなかったのに……

小さな頃は赤ちゃん言葉も混ざるような可愛い話し方だったのに、成長するにつれてどんどん憎まれ口を聞くようになった、汚い言葉遣いをするようになった……いつまでも可愛い子どもでいてほしい親としては、腹立たしいでしょう。

しかし、子どもは毎日成長しています。「いつまでも可愛いままで」というわけにはいかないことを、まず自覚してください。

同時に、子どもには子どもの世界があることも理解しましょう。友達同士だけで通じる言葉や、盛り上がる言葉というものがあります。大人が聞くと眉をしかめたくなるような言葉かもしれませんが、一時的な流行り言葉だと思い、大目に見てあげてもいいのではないでしょうか。

とはいえ、親として大人として、我慢ができない言葉もあります。

「あなたはかっこいいつもりかもしれないけれど、私はその言葉はイヤだし聞きたくない」ということを我慢する必要はありません。

そういうときは「その言葉は使わないで」と伝えていいのです。

「この言葉は許せる」
「ちょっとカチンとくる物言い」
「許すことのできない言葉」
など、親の許容範囲にもグラデーションがあります。

しかしそれがあいまいだと、子どもも「どこまでが許されるのか、わからない」ということになりかねません。親自身も子どもの言葉で怒ったり怒らなかったりという線引きがよくわからなくなり、混乱してしまいます。

こうしたとき試してほしいのが、「怒りの点数化」です。

これは自分が怒っている度合いを冷静に判断するために使うようにおすすめしているものですが、子どもの言葉遣いの線引きにも有効です。

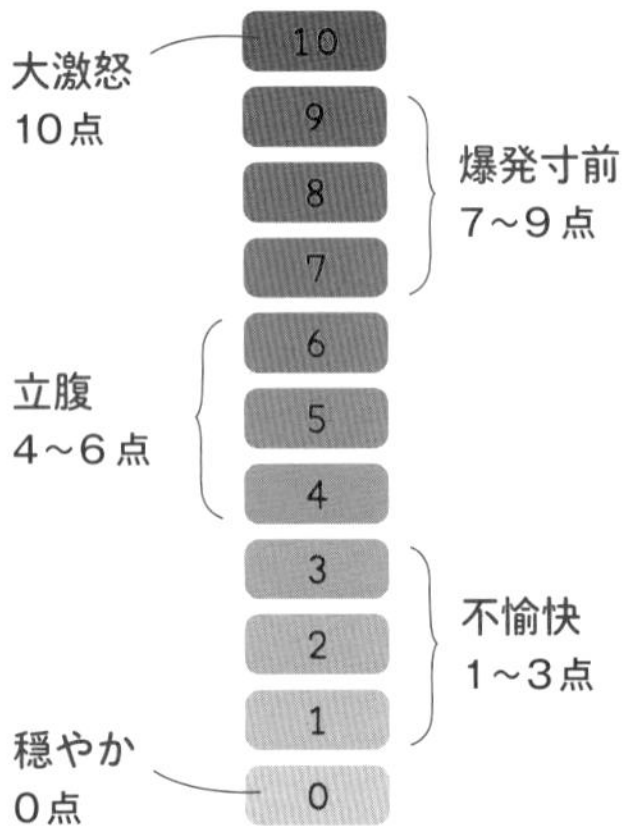

やり方は、まず怒っていない状態を「0」、最大に怒っている状態を「10」と設定してください。そして、イライラしたときに「この程度なら4点」「これは前に8点をつけたときよりも軽いから7点」といった具合に、点数をつけていくのです。
点数化のメリットは、自分が怒っている度合いが客観的にわかるようになること。そのことで、「5点のイライラなら6秒待てる」と判断できるようになり、6秒ルールがよ

り実践しやすくなります。

子どもの言葉遣いも、同様に点数化してみましょう。

たとえば、何かを聞いたときに「いらねぇよ」と答えるのは乱暴でカチンとくるけれど、言葉の内容にはさほど大きな問題はないので6点でぎりぎり許す。でも、「死ね！」は9点で絶対許さないし猛烈に怒る、といった具合です。

このようにして「使っていい言葉」と「使ってはいけない言葉」を親子で共有していきましょう。また「家ではいいけどおばあちゃんの前ではダメ」など、ときと場合による使い分けも教えます。守れないときは「それはいけないと言ったはず！」としっかり怒りましょう。

まとめ

許せる言葉・許せない言葉の線引きを自分なりに決めましょう。点数制を導入して、子どもにもわかりやすいよう明確にしておきましょう。使ってはいけない言葉を使った場合は怒ることも大切です。

Case 8
子どもの生活リズムが乱れるとイライラが強くなる

夏休みや冬休みなどの長期休暇やゴールデンウィークなどの連休で家にいる時間が増えると、子どもの生活リズムが不規則になって困るという親が増えます。

いつもより寝坊したり、夜更かしをしたりと、どんどん楽でだらしないほうに流れてしまうことに対して、親のイライラが強くなるのでしょう。そこには、「こんな生活を続けていたら、だらしない大人になってしまう」という不安が隠れています。だからこそ、厳しく怒ってしまうのです。

しかし、冷静に考えれば、どれもそれほど怒ることでしょうか。**改めて考えてみればい**

たずらにイライラしていること、そしてしょっちゅう同じようなことで怒っていることに気づくはずです。ところが、怒っている間はそのことに気づくことができず、また、過去にどんなことでどのくらい怒ったかも忘れてしまっていることがほとんどではないでしょうか。

そのために有効なのが「怒りメモ」。

自分がどんなときに、どのくらい怒ったのかを具体的に、そして客観的に記録しておくのです。「日時（具体的な日付でなくても、「○曜日・寝る前」でもＯＫ）」、「場所」、「出来事」の三つについてメモしたうえで、１４８ページを参照して怒りの点数を記入します。

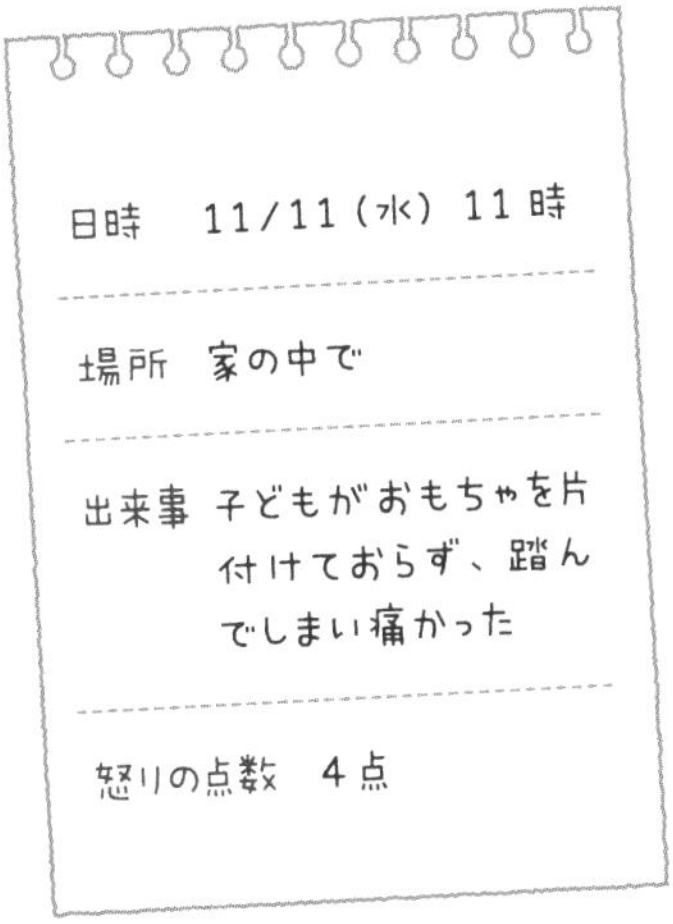
日時　11/11（水）11時
場所　家の中で
出来事　子どもがおもちゃを片付けておらず、踏んでしまい痛かった
怒りの点数　4点

怒りメモをつけるときのポイントは二つあります。

まず、「感情を入れず、事実のみを書く」ということ。「宿題をやらないだらしなさに腹が立った」と書く必要はありません。ただ「宿題をやらなかった」だけにしてください。

もう一つは、「日記ではないので、あとでまとめてつけない」こと。イライラしたとき、子どもを怒ってしまったとき、その場でメモにして残すのです。

そして、メモがある程度たまったら、自分が穏やかで落ち着いているときに読み返してみましょう。すると、同じ朝寝坊でも、前日に遅くまでテレビを見ていた場合と、勉強を頑張っていた場合とでは怒りの度合いが違うなど、何に対してどのくらい怒ったのかが客観的にわかるようになります。

さらに、このメモから、自分がささいなことで怒っていることや、自分も疲れているときは掃除が手抜きになるなど、毎日同じリズムで生活していないことがわかります。それで反省してほしいというわけではありません。**生活リズムが乱れることがあったり、やる予定だったことができなかったりしても、自分は大人になり、子どもも育てているのだということを再認識してほしいのです。**

子どもがちゃんとしていない！ という怒りの裏には自分がちゃんと育てられていないのでは、という不安が隠れています。それは、そこまで悩む必要はありません。大丈夫、自分を信じて安心してください。

まとめ

子どもの行動でイラッときたら「怒りメモ」をつけてみましょう。怒らなくていいことで怒っていたり、自分の怒りの傾向も見えてきます。自分も毎日同じリズムで生活していないことを理解し、生活リズムが乱れても子どもは育つと信じましょう。

Case 9

きょうだいゲンカが絶えず、仲裁でイライラ。どっちを怒ればよいの!?

きょうだいゲンカは、親にとって悩ましいトラブルです。大人から見ればくだらないとさえ言えるようなささいなことから始まるケンカは、つい上の子に我慢させがちですが、それだと上の子のストレスがたまる一方です。そして下の子はなかなか言うことを聞かず、最終的に「ケンカしないで！」と親の怒りが爆発するという展開が多いのではないでしょうか。

きょうだいゲンカさえなければ平和なのに……と思うかもしれません。しかし、意見の衝突は大人になると「議論」という形で起こりますし、揉め事が起きたとき、自分の意見を主張することは不要なトラブルを回避するためにも重要です。きょうだいゲンカは、将来に向けての大切な予行演習とも言えるのです。一人っ子では不可能ですが、きょうだいがいるからこそできる貴重な体験なのだと発想を切り替えましょう。きょうだいゲンカは大いにやらせるほうが、将来の役に立つのです。

しかし、ルール無用でケンカをするのは大人であっても反則です。**きょうだいゲンカにもルールは必要です。叩く、物を投げるのは絶対に禁止にすべきですが、どちらかが泣いたら強制終了、親が見ていない場所ではケンカしないなど、それぞれの家庭に合ったルールを決めてください。このとき重要なのは、子どもと一緒に決めることです。**その ルール内で始まったケンカは、子どもに任せておきましょう。

まとめ

きょうだいゲンカの経験は、大人になったときに役に立ちます。いちいち親が介入して怒るのではなく、やらせておきましょう。ただし、ルールは必要なので、子どもと一緒に納得できる決まりごとを作ることが大切です。

Case 10

かまってほしくて甘えてくる子ども やりたいことが進まなくてイライラ…

小さな子どもの後追いや、小学生の子どもの呼びかけなど、子どもの「かまって」という欲求は時間と場所を選びません。「お母さーん」と呼ばれる、「ねぇ～」と甘えた声を出されるなどはいつ始まってもおかしくないのですが、とくに親が忙しいときに限って要求が多くなるものです。食事の支度など、やらなければならないことを抱えているときは「正直、うっとおしい」というのが本音です。つい「あとにして！」と強く言ってしまい、自己嫌悪にかられることもあるでしょう。

「こんなことじゃいけない」と反省して子どもの要求に応えるように切り替えても、数日経つとイライラが募って、また怒ってしまうという事態に。同じことでも受け入れてもらえるときとそうでないときが生じると、子どもは混乱し、「かまって」の要求がますます強くなるという悪循環に入り込んでしまいかねません。

こうした事態を避けるには、**要求を受け入れるか否かの基準をはっきりさせて、子どもに伝えることにつきます。**たとえば、「火や刃物を使っていて危ないから、料理中はここで静かに遊んでいてね」など、できるだけ具体的に伝えるのです。

そして**大事なのは、親もブレないことです。**

このとき「料理中に手が空いたから、気分転換に子どもの要求に応える」ということがあってはなりません。やる・やらないの線を引き、なにより自分がそれを守ることが大事です。それだけで、子どもに対してむやみに怒ることはなくなります。

まとめ

子どもの要求に応えられるときとそうでないときの線を自分なりに引きましょう。親の気分や状況次第で変えてはいけません。かまってくれるときがはっきりすれば、子どもの情緒が落ち着き、要求も減っていきます。

家庭では、目標を話し合って「理由」のあるルール作りをしよう

「子どもには幸せになってもらいたい」母親としてそう願い、そのためにいろいろなことを子どもに言い聞かせていませんか。

しかし、子どもの健やかな成長のために作ったルールについて、それぞれどう考えて決めたかを説明できますか？　「それがうちのルールだから！」では独りよがりです。「子どもの将来のため」では、漠然としすぎています。

「子どもの将来のため」と言っても、将来像をどれくらい具体的に考えていますか？　多くの場合「まっとうな社会人になる」と答えるでしょう。しかし、その目標のために子どもを毎日９時に寝させ、無事に子どもが「まっとうな社会人」になったとしても、子どもがその生活に息苦しさを感じるようでは、誰のためのルールだったのかわかりません。

家庭のルールは、「子どもにこういうふうに育ってほしいから」「こういう家庭を築いていきたいから」と願って決めているはずです。「こう考えているから、こういうルールがあるんだよ」ときちんと説明できれば、子どもも納得してルールを守るようになります。

また、そのルールが自分の目標や将来と合わなくなってきたと感じたら、話し合って「理由」のあるルールを作っていけばよいのです。

chapter 5

夫婦関係がよくなる伝え方

Case 1

夫が家事に協力しない！私だって忙しいのに……

「男子厨房に入らず」と言われた時代もありましたが、それはもはや昔話です。今は夫婦で家事を分担するのが普通の感覚ではないでしょうか。

ところが、夫が「ゴミ出しも夕飯の後片付けもやっている」と主張しても、妻にしてみれば「家中のゴミをまとめて玄関に置いたのは私で、あなたは収集所まで運んだだけ。後片付けも食器をキッチンに運んだだけで、洗ったのは私」というように、双方の「家事」には温度差があることも多いのです。

夫は「自分は十分やっている」と思い込んでいるので、妻の「協力してくれない」という不満を理不尽な主張と受け取り、怒り出すこともあります。それがさらに妻の「私の言うことを理解してくれず、逆ギレする夫に腹が立つ」という別の怒りを生んでしまいます。このままではお互いにイライラをぶつけあうことになり、「たかがゴミ出しで夫婦喧嘩」ということになりかねません。

この状態を解消するには、**まず「夫は家事に協力していると思い込んでいる」ということを理解しましょう。**そしてこの思い込みを外すためにおすすめしたいのは、家事に点数をつけることです。

たとえば

「家中のゴミを集める…4点」

「ゴミを分別する…3点」

「ゴミ箱に新しいゴミ袋をセットする…2点」

「ゴミ袋を収集所に持っていく…1点」

家事点数表　ゴミ出し編

家中のゴミを集める	4点
ゴミを分別する	3点
ゴミ箱に新しいゴミ袋をセットする	2点
ゴミ袋を収集所に持っていく	1点

といった具合に細かい家事ごとに点数をつけ、「お互いに1日15点の家事をする」と決めてしまうのです。

得てして夫は「家事」の内容を細かく知りません。点数をつけることで家事を見える化すると、自分がどの家事をしていなかったかも見えてくるため、家事を分担しやすくなります。お互いの「している」「していない」の温度差を埋めましょう。

まとめ

夫は「ちゃんと協力している」と思っていることをまず理解しましょう。そのうえで、家事のひとつひとつに点数をつけて見える化を。家事に対する温度差が埋まることで、夫の意識が変わり、ケンカする回数も減っていきます。

Case 2
どうしてそうなる!?夫の家事にイライラする

前のケースとは逆に、家事に積極的に協力してくれる夫は、世間的には「理想的なご主人」と称賛されます。しかし、その実態は必ずしも理想と言えない場合が多いのが現実ではないでしょうか。

たとえば、「凝った料理をしてキッチンが油まみれの惨状になっても、後片付けはしない」といった具合に、夫が家事をすると余計に手間が増えるというケースは多いものです。下手に家事をされるとかえって面倒なのに、本人は満足しているのもイライラ……。

この怒りの正体は、「思っている通りに家事をしてくれない」という不満にあります。

しかし、これをそのままぶつけると、夫に「いちいちダメ出しをする検査官」のようだと思われてしまいます。人がしていることに口出しをするのはそもそも過干渉であり、そこには相手に対する「どうせちゃんとやらない」という不信感が見え隠れしています。

これでは相手が怒るのも当然です。

まず、他人がしていることに対しては「自分が指摘することでよい方向に変わること」と「指摘しても何も変わらないこと」があることを理解し、線引きしましょう。そのうえで、**夫に何かを頼んだとき、または自主的に何かをやってくれるというときは、信頼して任せてしまうのがベストの選択です。**

ただし、**何か希望があるなら、事前に自分からのリクエストを具体的に伝えておくことが大切です。**

あとになって「これじゃなかったのに」「こうしてほしかったのに」と言うのは、ケンカの火種を投げているようなものです。また、具体的に伝えたのに違う結果になったら「夫が理解するように伝えなかった自分が悪い」と思うことです。

「自分が悪い」と思えば、不思議と怒りは生まれないものです。ぜひお試しください。

まとめ

夫の家事にダメ出しをするのはケンカの元。やってくれるというなら、信じて任せてしまいましょう。ただし、買い物なら銘柄、家事なら手順など、事前に自分の要望を具体的に伝えましょう。

Case 3

家にいるときはいつもゴロゴロ……生活態度にイライラ！

仕事をしているときはオンのモード、帰宅してくつろいでいるときはオフのモードになるのは、ごく自然な姿です。しかし、妻の場合、夜の時間帯は食事の支度や子どもの世話などで、なかなかオフモードに入れません。テレビなど見ながらゴロゴロしている夫の姿に「なんで自分ばかり」とムッとするのはこんなときです。リモートワークで夫が終日家にいるときは、「いつもは自分ひとりになれる昼の時間帯に夫がいる」という事実だけでイライラする人もいるでしょう。

夫にしてみれば帰宅してくつろいでいるだけ、あるいは自宅で仕事をしているだけなので、怒られる筋合いはありません。そうだとわかっていても普段とは違う状態にストレスがたまり、ちょっとしたことで怒りが大爆発してしまいます。

こうしたときに必要なのは、怒りのガス抜きです。自分の中にたまったマイナス要素を減らし、心を落ち着かせましょう。**別のことをして夫の姿が目に入らないようにする、自分の好きなことをするなど、いろいろな方法がありますが、もっとも簡単なのは物理的に距離を置くことです。**

違う部屋で別のことをするのもよいし、時間が許せば外に出るのもよいでしょう。家の周りを歩くだけでも、外の空気が吸えて気分転換になります。イライラの対象から離れると気持ちが落ち着き、怒りに燃えていた頭をクールダウンさせることができるので、軽い散歩はおすすめです。

まとめ

イライラする対象の近くにいると、怒りのガスがたまるばかりです。目に入らない場所に行く、別のことに集中する、外に出てしまうなど、怒りを感じる対象から距離を置くことでリラックスしましょう。

Case 4

衛生観念がゆるい夫
ピリピリして神経が休まらない……

コロナ禍以降、外出から帰ったら手洗い消毒は当たり前のこととなりました。しかし、それでも衛生観念がゆるい人はいます。たとえば、「会社を出るときに消毒して、そのあとは何も触らなかったから、帰宅してから神経質に手を洗う必要はない」と思っている人は意外と多いものです。夫婦揃って同じ感覚なら問題はありませんが、妻が神経質なのに夫が大雑把だと、妻のイライラは高まる一方です。

この場合、より厳しいほうがゆるいほうに注意するという行動に出がちです。その結果、言われた側が息苦しさを感じ、お互いがぎくしゃくしたり、反発し合うなどして、関係が険悪になりかねません。

これは価値観の問題で、どちらかが悪いというわけではありません。価値観の不一致はときに離婚にまで発展しますが、そもそも違う人間同士なのだから、価値観が違うのは当たり前だと思いましょう。

ただ、**一緒に暮らすのなら、どちらかが我慢するのではなく、「せめて」という言葉を使ってお互いに折り合いのつくところを見つけていきたいものです。**たとえば、「帰宅したらすぐに石鹸で手洗いして、さらに消毒するのは面倒」というなら、玄関に消毒スプレーを置いておき、「せめて消毒はしてほしい」とするなど、お互いが「それならＯＫ」と思える方法を話し合うのです。

神経質な人は人の行動が気になってしまいがちですが、それではストレスがたまる一方です。許容範囲を広げることが、不要な怒りを持たずに済む最善の方法です。

まとめ

衛生観念の違いは価値観の違いです。一致しないのが当たり前だと思いましょう。そのうえで「せめて」という言葉でお互いが納得できる方法を見つけていきたいものです。自分の許容範囲を広げると、心が楽になります。

Case 5

クヨクヨしてばかりの夫、悲観的すぎて腹が立つ

たとえば水が半分入ったコップを見たとき、「まだ半分ある」と考える人がいる一方で、「もう半分しかない」と悲観的になってしまう人がいます。これは思考のクセのようなものですが、後者のように考えがちな人がそばにいると、本当はそう感じていないのにもかかわらず、その人に引っぱられるように暗い気持ちになってしまうということがあります。

すると、それに負けまいとするため、怒りの感情が生じます。身近な人が悲観的になってクヨクヨばかりしていると、心配を通り越してイライラすることがあります。それは防衛本能が働いている状態で、自然な感情の動きなのです。

とはいえ、悲観的になっている夫に対して「そんなにクヨクヨしないでよ！　こっちまで暗くなるじゃない！」と怒ったところで、「妻にも理解してもらえない」と悲観する材料を増やすだけです。かといって「その気持ち、わかるわ」とクヨクヨする夫の気持ちに寄り添って共感すると、自分もネガティブになり、共倒れになりかねません。

こんなときに試してほしいのが「幸せメモ」です。**その日あった出来事や見聞きしたものの中で「よかった」「楽しかった」など、心が明るくなることだけを書き留めていくのです。メモの中から会話の話題を見つけると、家庭内での暗い話が減っていきます。**

幸せも不幸せもとらえ方次第です。不幸に目を向けるより、幸せに目を向けるほうが、日々ほがらかに暮らすことができます。

まとめ

悲観的になっている人に怒りを覚えるのは、自然な心の働きだと認めましょう。その上で「幸せメモ」をつけて、日々の暮らしの中で起きたよいことを見つけましょう。明るい話題で夫婦の会話を盛り上げれば、暗い気分もなくなります。

Case 6

余計なものばかり買う夫。無計画さにもうキレそう！

夫が頼んでもいないものを買ってくる……。もし体の中に「ストレスゲージ」があったとしたら、その値が一気に上昇する瞬間ですよね。家庭用品として売られているものだけど、我が家では使わないもの、確かに我が家でも使うものだけど、いつも使っている商品ではないため不要なもの、我が家で使うものとしては高価なものなど、無駄な買い物にはさまざまなバリエーションがありますが、得てして夫にはそれがわかりません。

そのため、妻としては「なぜ買う前に一言相談してくれないの？」という不満が生まれてしまいます。このケースでは、夫が無駄なものを買ってくると妻は思っているけれど、夫は無駄だと思っていないなど、お互いの認識にズレがあることに根本的な原因があります。このズレを解消するには、不満の共有化が欠かせません。

この問題解決に欠かせないのが、「問題の見える化」。お金に関することなら、「入ってくるお金・出て行くお金」が見える化されるよう、日々の収支を記録しましょう。家庭の収支を夫婦で共有できれば、「もう少し節約するべき」なのか、「たまにはささやかな贅沢をしてもいい」のかが、お互い明確になります。

夫婦喧嘩は、お互いが抱えている不満が見えないことで起こります。自分がどんな不満を持っているのかを明確にして見せることで夫は納得します。そして自分も「私の不満」を客観的に見ることで冷静になり、実は怒る必要がなかったことに気づくこともあります。お金の問題に限らず、**夫婦間の溝を埋める、イライラの正体を見つけるためにも、さまざまなことを「見える化」しましょう。**

まとめ

無駄遣いかそうでないかには、お互いの認識のズレがあります。お金の出入りを記録して収支を見える化し、夫婦で家庭の経済状況と問題点を共有しましょう。妻側が不要なイライラを抱えている可能性もあるので、まずは冷静に。

Case7

ささいなことで喧嘩が絶えない もう夫婦として終わりかも……

夫婦喧嘩でお互いが言いたいことを言い合い、双方で折り合いをつけるのが理想でも、弁の立つ夫に言い負かされて、イライラすることはあるでしょう。

理想的な夫婦関係を築くには、「対等な議論」が重要だということは言うまでもありません。ところが、感情的になってしまうと過去の話を蒸し返してしまうこともあります。こうなると弁の立つ夫に「今は関係ない」と遮られる。それに対して「いつも話を聞いてくれない」とさらに感情的になる、という悪循環に陥り、収拾がつかなくなります。

それを防ぐためにお勧めしたいのが、アメリカの夫婦カウンセリングの現場で使われている**「カップル・ダイアローグ」という方法です。**お互いが「事実」、「感情」、「要望」もしくは「意見」を言い合うのですが、特徴的なのは片方が言ったことを、もう片方が復唱するという手順です。

たとえば、

妻「あなたは出かけるなといった」
夫「僕は出かけるなといった」
妻「私は悲しかった」
夫「君は悲しかったんだね」

怒りを上手に伝える4ステップ

step 1
怒りを感じた事実を明らかにする
step 2
自分の感情を分析し、どうしてほしいかまとめる
step 3
自分の要求を伝える
相手に意見を求める
step 4
お互いが納得して改善策を約束する

妻「もっと信用してほしい」
夫「信用してもらいたいんだね」
といった具合です。
妻から夫への語りが終わったら、今度は同様の手順で夫から妻に語ります。
こうすることで**喧嘩の原因が明確になり、お互いの気持ちやどうしてほしいかの要望を冷静に伝えることができます。そして相手の要望もしくは意見に応えて改善策を出し合い、それを実行すると約束します。**このステップを実践すれば、ささいな喧嘩が減り、気持ちのいいコミュニケーションが取れるようになるでしょう。

まとめ

弁が立つ夫に言い負かされると、余計にイライラします。起きた出来事・そのときに感じた気持ち・どうしてほしいかの三つを分け、お互いに伝える「カップル・ダイアローグ」で、いい関係を築きましょう。

Case 8
子どもに対して夫が命令口調で高圧的。かわいそうで見ていられない！

子どもに対して命令口調だったり頭ごなしに叱りつけたり……このような高圧的な物言いをしているのは、横で見ていても心が痛みます。それが家族ならなおさらのことでしょう。自分より立場が下の人への態度が厳しいと、「会社でも部下にこんな接し方をしているのでは」と心配になってきますし、そういう夫は得てして妻に対しても高圧的だったりするので、そばにいるだけで潜在的に怒りがたまっていくのです。

高圧的な人は、相手が何か言おうとするのをさえぎって「とにかく聞け」という態度に出ることがあります。その結果、子どもは言いたいことが言えなくなり、ストレスがどんどんたまってしまいます。しかし、これを放置しておくと子どもの情緒が不安定になるだけでなく、夫もどんどん高圧的になって、モラハラ夫、モラハラ上司になりかねません。

高圧的な人に面と向かって言いたいことを伝えようとしても、相手に言いくるめられたり、発言を封じられたりしがちです。そこでおすすめしたいのが、**筆談喧嘩**。「お互いが交代で言いたいことを書き、相手に読ませる」というルールを設け、要望を伝え合うのです。手間はかかるのですが、**交代で書くことにより、言いたいことを丁寧に相手に伝えることができます。**そして**書くことでお互いが「自分はこの程度のことで怒っていたのか」と冷静になれるという二つのメリットがあります。**これは手紙でも、スマートフォンを使ってやりとりしても構いません。子どもがかわいそうだからなのか、あるいは高圧的な態度に嫌悪感があるのかなど、自分が何に対して怒っているかも明確になり、すっきりします。

まとめ

高圧的な態度を取る相手に言葉で対抗するのは困難。お互いが言いたいことを1つずつ書いて読ませ合う、「筆談喧嘩」を試してみましょう。冷静になり、怒りの正体が明確になることで、無駄に怒らずに済みます。

Case 9

家族に相談せず、旅行先を決めるなど自分勝手なふるまいが我慢できない！

旅行先や大きな買い物など、家族みんなで決めたいことを夫が一人でどんどん決めてしまうという行動、家族を大切に思う気持ちがないと思いますよね。ところが、本人は家族を思い、「よかれ」と思ってやっている場合もあります。それに対して抗議すると「せっかく考えたのに！」と逆ギレしてしまうのは、そのせいです。

本人は自分勝手な行動だと認識していないかもしれませんが、これは家族として怒ってよい事態です。とはいえ、面と向かって抗議すると、前述のように逆ギレする可能性があります。

そこでおすすめしたいのが、「喧嘩する時間と場所を決めておく」です。
場所は家の中ではなく、カフェやファミレスなど、人がいる場所がよいでしょう。
時間は平日の夜でも休日の昼でも構いません。**週に1回、喧嘩する時間を決めることが重要です。**

そして、その日までに「相手に抗議したいこと」をメモしておきます。

このときのポイントは「事実のみを書く」こと。

たとえば「突然夕食はいらないと言われた」ということだけを書きましょう。「せっかく用意していたのに無駄になった。前も同じことがあって腹が立った」というのは不要です。

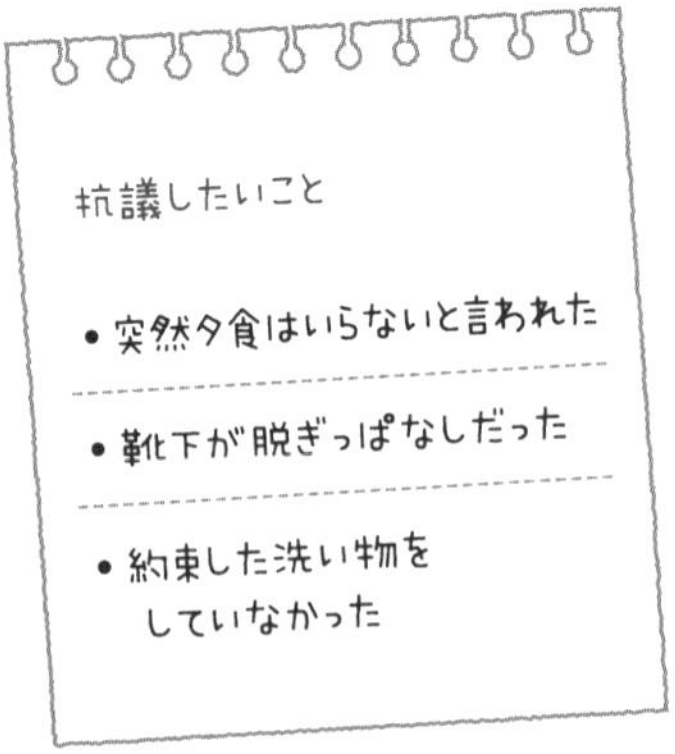
抗議したいこと
・突然夕食はいらないと言われた
・靴下が脱ぎっぱなしだった
・約束した洗い物をしていなかった

事実のみを書き、感情は書かないようにしましょう

そしてもう一つが、「読み返さない」こと。書いたあとで読むと「そういえばこのときは連絡するのも遅かった。子どもたちも待っていたのに」と新たな怒りを足してしまいます。

こうして**怒りメモを持ち寄り、お互いがそれを読み合って気持ちをぶつけ合います。誤解があれば解けるし、時間が経っているので素直に反省することができます。**

さらに、「怒りメモ」を1週間くらい続けていると、「このくらいのことで怒らなくてもいいや」と自分の許容範囲も広がります。結果、怒る回数が減っていくという効果もあります。

まとめ

自分勝手に思える夫でも、家族のことを考えている可能性があります。それに面と向かって抗議すると、逆ギレする恐れが。時間と場所を決めて喧嘩をすると、言いたいことが整理でき、夫も素直に聞き入れてくれます。

Case 10

自分の実家ばかり大切にするのはなぜ？ ないがしろにされているようでムカムカ

盆暮れの里帰りや誕生日、敬老の日のお祝いなど、夫の実家との付き合いは妻にとって気苦労が多いものです。ところが、自分は妻の務めをこなしているのに、夫が自分の実家との付き合いに積極的でないと、「私の実家を大切にしていない、ないがしろにしている」という怒りが生まれてしまいます。

どちらもお互いの実家なのですから、その付き合い方に差があるのは気持ちのよいものではありません。妻として夫の実家を大切にするなら、夫にも妻の実家を大切にしてほしいと思うのは、正当な怒りです。

これをｃａｓｅ７〜９で紹介した「カップル・ダイアローグ」「筆談喧嘩」「時間と場

所を決めた喧嘩」をするのもよいでしょう。しかし、ここで冷静に考えてほしいのです。

夫が妻の実家をないがしろにすることは、それほどデメリットでしょうか。夫抜きなら、実家でのびのび過ごしたり、旧友と遊びに行ったり、両親と子どもたちで心おきなく美味しいものを食べに行ったりもできます。また、夫が自分の実家を大切にすることで、義親から「よい嫁」と思ってもらえる、子どもたちにお小遣いをくれるなど、よいこともあるのではないでしょうか。このように、**デメリットの裏にはメリットが隠れているもの。それを見つけることで、怒りから解放されることがあります。**

そして「夫の実家とはうまく付き合わなければならない」というのは、ただの思い込みにすぎません。そのことで怒りが増えるようなら、「あなただけで行ってきて」としてもよいではありませんか。まさにメリットしかない方法、おすすめします。

まとめ

夫が自分の実家ばかりを大切にするのは本当にデメリットなのか、改めて考えてみましょう。むしろ、よいことの方が多いのでは？　怒りを抑えて夫に付き合う必要があるかどうかも、もう一度自問してみましょう。

column

イライラ解消の秘訣は「自分にできないことを人にやらせない」

夫が朝起きなくてイライラ、子どもがなかなかお風呂に入らなくてイライラ……いつも誰かのせいでイライラしていませんか？　そのイライラには「べき」が潜んでいます。

それは「母親なんだからちゃんとするべき」です。

そして自分と同じように、夫も子どももちゃんとさせるべき。そう思っていませんか？

でも、あなたも昔は、今の夫や子どものように、ちゃんとしていなかったのではないでしょうか。それどころか、今でもたまの夜更かしや寝坊なんてありませんか？

自分がやるのも難しいことを、夫や子どもには強要する。それでは、守ってもらえるわけがありません。

自分ができないことを、人に強要するのはやめましょう。とくに子どもは、親のしていることをよく見ています。親ができないことはやらないものです。

それでもあなたは親として立派にやっているのですから、できないことは無理しなくてもいいのです。それよりは、日々を機嫌よく過ごすほうが家族にもいい影響を与え、明るい家庭になります。

人間関係がよくなる伝え方

chapter 6

Case 1

職場の上司の言うことが古い……昭和の価値観にイライラMAX！

仕事の進め方から働き方まで、50~60代のおじさん世代は、価値観が昭和そのものという人が未だに多いのが実態です。この世代にありがちな「会社第一主義」で説教をされると、部下のストレスはたまりっぱなしです。

職場のおじさんの昭和な価値観は古びています。今の時代の価値観に照らし合わせれば、間違っていると言えるものもあるでしょう。

時代に合った対応をしてほしいと願うかもしれませんが、残念ながらそれは無駄なことです。**おじさんたちの価値観を変えることはできません。**

職場の人間関係に限らず、自分の周りの出来事には、「変えられるもの」と「変えられないもの」があります。

怒りで冷静さを失っていると、判断することが難しいのですが、「変えられないもの」を変えることは絶対にできません。その代表が、人の気持ちと価値観です。

一方、自分の行動は変えられます。相手の価値観が変わらないことを受け入れたうえで、要求をのむか拒むかを決めればよいのです。

変えられないものは受け入れて、変えられることをしていこう

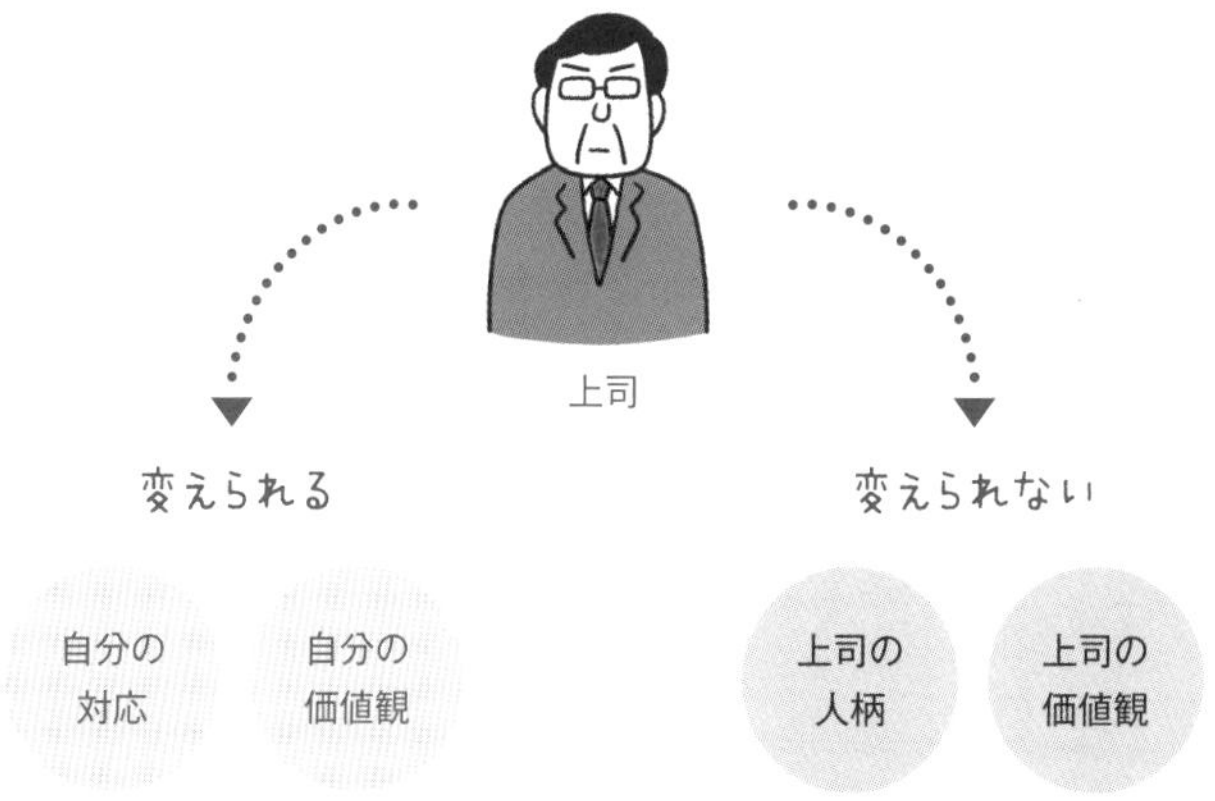

上司の考えや行動を「古臭い」「今どきおかしい」とイライラしたところで、何も始まりません。

自分ができることを考え、現実的に対応するほうが、結果的にうまくいくでしょう。

まとめ

世の中には「変えられるもの」と「変えられないもの」があることを理解しましょう。

そして、他人の価値観は変えられないもの。おじさんの古臭さにイライラするより、自分の行動を変え、現実的に対応しましょう。

Case 2

平成世代の部下がマイペースすぎる！ 仕事でしょ!? 腹が立って仕方がない

ｃａｓｅ１のように上司の古臭い価値観にイライラする一方で、若い部下の仕事に対する姿勢に腹が立つ……まさに中堅社員の苦悩です。上の世代の価値観に対しては「その考えは、もう古い」と感じる一方で、若い世代に対しては「その考えは理解できない」と思ったりするでしょう。マイペースに仕事をする部下に、もっと協調性を持って仕事をしてほしいと考えることもあるかもしれません。

これは若い世代の目線に立つと、自分が「古臭い価値観の持ち主」と思われているということです。まさに、自分が上司に対して思っていることへのブーメランとも言えます。

まずはそのことを理解しましょう。

価値観の違う部下への指導がうまくいかないときは、相手の能力のせいにせず、「わかるように説明していない自分が悪い」と自分の指導の仕方に問題があると考えましょう。そして、具体的に相手がわかるレベルまで、説明を落とすのがポイントです。

「金曜日までにこの資料をまとめて、5人分印刷して」

という風に、期限を切って具体的にわかりやすく伝えることを意識しましょう。

マイペースな部下にイライラするよりも、説明の仕方を変えるなど、自分の伝え方を工夫するほうが建設的です。

また、部下がミスをしたときは、「原因」

ではなく「目標」に、「過去」ではなく「未来」について具体的に話すようにしましょう。「なぜ」と過去の原因について話すと、相手を責めることになります。そうではなく**「今度からはこうしてほしい」という未来の要望を伝えることが大事。そこに理由も添えると、納得感を持って仕事に取り組んでもらえます。**

どうしたら相手が理解できるかということを考えて話し、意思疎通を取ることができれば、仕事の効率も部下との関係もよくなるでしょう。

まとめ

若い部下に、自分が古臭い価値観の先輩と見られていることもあると認識しましょう。若い部下の目線に立って、理解できるように話すのが大切。未来思考でモチベーションも高められれば、上司として尊敬されるでしょう。

Case 3

子育てのことで同僚に嫌味を言われる。同じ女性同士なのに、どうして!?

子育てをしながら働いていると、子どものお迎えや病気の都合で出産前のように働くことができず、心苦しい思いをしているママもたくさんいるでしょう。そうした人たちを苦しめるのが、周囲の無理解です。とくに女性からの当たりがきつくなってつらい、と感じる人が多いようです。同じ女性なのになぜ？　と考えてしまうかもしれませんが、単に不公平感があるのかもしれないし、嫉妬のようなものもあるかもしれません。

「なぜ」「どうして」と考えたり怒ったりするよりも、今の状況をよくすることを考えましょう。といっても、理解を求めて周りを説得するなど、正面からぶつかっても、事態が好転することは少ないもの。かえって反発を買ってしまう可能性のほうが高いです。

このケースの解決策として、理想の人になりきって行動するというものが挙げられます。その対象は家族や上司、友人、歴史上や創作上の人物など誰でも構いません。**「このような話し方ができたらすごい」「この場面でこう切り返せるのはすごい」と考える人を思い描き、自分も同じようにふるまうのです。**最初は恥ずかしいかもしれませんが、演じ続けることで自然と行動できるようになります。

それを応用して、周囲に「自分と似た立ち位置なのに、うまくやっている人」を見つけてみましょう。その人を観察し、そのやり方をロールモデルにして過ごすとうまくいきます。

まとめ

嫌味を言う人を真正面から受け止める必要はありません。自分と似た立場でうまくふるまっている人を見つけ、その言動を真似してうまくやりすごしましょう。

Case 4

「女」を使って楽をしてる!? あざとい女にムカムカする

面倒な仕事があると男性社員に甘えて押しつける女性は、今の時代も少なからずいます。また、本人はその気がないのかもしれないけれど、「思わず手を貸したくなるような雰囲気」をまとっている女性もいます。彼女たちに対し、「女を使うなんて、働く女の敵」と感じてイライラするかもしれませんが、両者は大きく違います。

まず前者は、男性社員に甘えて楽をしようとする女性です。このタイプは、性差をなくそうとしている現代においては時代遅れの存在でしかありません。社会人としても女性としても評価が下がるだけなので、「得をしている」と思うのはただの勘違いです。

こういう人を変えようとしても無駄なので、**いちいちイライラすることはやめましょう。自分の軸をしっかり持ち、やるべきことに集中していれば、周囲のことも気にならなくなります。**

それに対して後者の「手を貸したくなるような雰囲気をまとっている人」は、周囲の人たちにそう思わせるセルフプロデュース術に長けているのでしょう。

そういう人たちへのイライラには、実は「うらやましい」という気持ちが隠れているのかもしれません。

しかし、ここで一度「自分もそうなりたいのか」ということを考えてみましょう。**「相手と同じ土俵に上がりたいか」と問いかければ、「そんなことはないな」という思いに気づくかもしれません。**

他人と比べず、自分がどうなりたいか、考えよう

自分の人生を輝かせるために…

- 自分の価値観を大事にする
- イラッとする人を気にしない
- 人の評価に左右されない

自分にとって美しい生き方はどういうものかを考え、セルフプロデュースをしていくことです。**自分がなりたい姿や大事にしたい価値観をリストアップし、それに向かって努力していけば、人生がもっと輝き出すでしょう。**

自分の中でのイライラする原因がわかれば、そうした人たちに対するストレスも軽くなっていきます。

まとめ

男性社員に面倒を押しつけようとする女性や、セルフプロデュース術で思わず手を貸したくなる雰囲気をまとっている女性にイラッとしたら、「自分もそうなりたいか」を考えましょう。なりたい自分を考えていくことで、怒りを客観視できるでしょう。

Case 5

女だと思ってナメられ、雑に扱われる！ 憤りを感じて仕方がない

同じ仕事をしているのに、同僚の男性と評価が異なると感じたことはありませんか。世界各国の男女格差を、政治、経済、教育、健康の4分野から測る「ジェンダー・ギャップ指数」という指標があります。それによると日本は153カ国中121位（世界経済フォーラム「Global Gender Gap Report 2020」より）。他国に比べて、未だに男女平等の社会ではないのです。

それを改善するため、1985年に制定された男女雇用機会均等法から始まり、2019年には女性の職業生活における活躍の推進に関する法律（女性活躍推進法）が改定されました。とはいえ、法律が改定されたら直ちに現実が変わるわけではありませ

ん。相変わらず女性は軽く見られ、ときにはセクハラさえ受けています。**こうした社会ですから、働く女性が「女だからとナメられる」と憤るのは当然のことです。**しかし、個人が憤ったところで社会が変わるわけではありません。この現実を見たとき、最もやってはいけないことが個人的に恨みを晴らそうとすること。たとえばSNSを使って男性の悪事を暴露するなどはしてはいけません。**自分一人で恨みを晴らそうとするのではなく、社会全体で力を合わせて、よいものにしていく活動をするほうが建設的です。**たとえば企業は男女雇用機会均等法により、セクハラ対策をする義務があります。もしセクハラを受けたら、仕返しをするのは一番の悪手です。それぞれの会社にある担当窓口に相談し、対応してもらいましょう。

まとめ

女性がナメられる、軽く扱われるのは日本の社会全体の問題です。個人的な怒りの範囲ではありません。社会全体で取り組む問題だという視点を持ち、自分一人で怒りを晴らそうとすることはやめましょう。

Case 6

顧客から暴言を吐かれる……お客様だから我慢しないといけないの？

今、とくに飲食や販売といった業種で客によるハラスメント、いわゆるカスタマーハラスメント（カスハラ）が問題になっています。他の業種でも、顧客から高圧的な態度に出られた、暴言を吐かれた、セクハラを受けたなどの例があとを絶ちません。

「お客様は神様」として、客から何を言われても言い返してはいけないとする時代があったのは確かです。しかし、今はもはやそんな時代ではありません。そもそも「お客様は神様」という言葉は、「神前に芸を捧げるような気持ちで客に芸を見せる」という意味です。神様だから崇め奉り、言うことはなんでも聞くという意味は最初からないのです。

そもそも、どのような立場の人であろうと、ハラスメントは許されないというのが原則です。相手が客だから我慢しなければならない、女性だから言い返してはならないということはあってはなりません。

もしカスハラを受けたら、自分でなんとか対応しようとするのはやめましょう。カスハラを受けたら、まず上司に相談することです。そして、会社としてカスハラに毅然と立ち向かうのか、それとも相手は客だから我慢してくれというのか、その対応をしっかりとチェックしましょう。

社員や従業員が助けを求めたときの対応で、企業の真価が問われます。会社がどう思っているかを判断するよい機会とし、守ってくれない会社からは逃げるが勝ちです。

まとめ

カスハラは個人の問題ではなく、会社の問題です。自分でなんとかしようとせず、上司に相談しましょう。その対応の仕方で、これから先もいる価値があるかどうかがわかります。我慢を強いる会社からは逃げましょう。

Case7

持ち物や住まい、夫の職業など……マウンティングしてくるママ友がウザい

ママ友の付き合いでイライラの元となるのが、持ち物や住まいを自慢してくるマウンティングです。

「うらやましいでしょ?」と言わんばかりの言動にカチンときてしまうのかもしれませんが、相手をうらやましく思うのはもちろんのこと、自慢されたと腹を立てることも「同じ土俵に上がる」という点では変わりがありません。

そもそも**マウンティングは、それを素晴らしいのだと思う感覚の持ち主同士でしか成り立ちません。相手と同じ価値観で物事を見ているから疲れてしまうのです。**

マウンティングされたと思ったら、自慢された物に対し「自分はそれを素晴らしいと思っているか」と自分に問いかけてみましょう。 たとえば欧州車を自慢されても、それに興味がなければとくにうらやましいと思いません。自分の価値観に戻ることは、マウンティングをはねのける第一歩となります。

また、持ち物や住まいなどを自慢する人は、「こんなに高いものをたくさん所有できる、豊かな自分」をアピールしたいのが本音です。

自分の所有物を自慢せずにいられないのは、「それがないと自分を受け入れられない人」だからで

す。自分を無条件で価値のある存在だと思っている人は、むやみに持ち物を自慢したり他人と比べたりしません。

そういう人のアピールにつられて、わざわざ同じ土俵に上がり、イライラする必要はありません。それでも気になってしまうときは、それを持つことのデメリットを考えてみるとよいでしょう。

デメリットを出していくと、自分にとってそれが本当に必要なのかというのが見えてきます。するとイライラや嫉妬も薄れ、穏やかな心に戻れるでしょう。

まとめ

自慢してくる人と同じ土俵に上がらないのが第一です。「そもそもそれはうらやましいこと?」を自分に問いかけるとよいでしょう。デメリットを考え、それが自分にとって必要ではないと感じられれば、イライラも収まります。

Case 8

友達のSNSを見るたびにうらやましくなったりムカついたり……

人は常につながりを求めています。今、SNSは何年も会っていない友達と一瞬でつながれたり、見知らぬ人の日常生活を垣間見たりと、人とのつながりを生むメディアだと言われています。会社や地域社会でのコミュニティが失われた現代、人と人とのつながりは希薄なものとなりました。その心の隙間に入り込んだのが、SNSのコミュニティです。

しかし、SNSでは距離感が難しく、それが原因でストレスを感じるという人も少なくありません。アメリカの複数の大学が行った調査では、SNSの利用が人の幸福度を下げることが明らかになりました。

SNSはそもそも承認欲求のメディアです。みんな「私を見てほしい」「私を賞賛してほしい」と願っているのです。一方的に承認を求められ、「いいね」を押すことを強要されるような気持ちになるのですから、疲れるのは当たり前のことです。SNSを使っていてイラついたりムカついたりするのは、その疲れが原因なのです。

疲れを感じてしまったら、SNSと離れましょう。「開かない・見ない」と思ってもつい習慣で見てしまう人は、アカウントを消す、スマホに入っているアプリを消すのがベストです。

また、実生活でリアルなコミュニティに所属することもよいことです。孤独感や人恋しさが原因でSNSにハマることも多いので、その代わりとなるような趣味や地域活動などの集まりに参加するとよいでしょう。いろいろな立場の人と触れ合い、会話したり一緒に行動したりすることで、心が楽になることもあります。

まとめ

SNSは承認欲求のメディアで、見続けていると疲れてしまいます。そこにストレスを感じるなら、見ないのが一番の対策です。バーチャルなコミュニティではなく、リアルなコミュニティに所属して、楽しむのもよいでしょう。

Case 9

近所の人に家のことをあれこれ聞かれる。距離感のなさにイライラが止まらない！

地域社会や会社、ママ友などのコミュニティに所属していると、プライバシーを詮索されるといったことがあります。家族構成に始まり、出身地、仕事内容、夫が勤めている会社、子どもが通っている学校など、何から何まで知りたがる人がいます。

さらには、「今日の昼に出かけたみたいだけど、どこに行ったの？」「昨日訪ねてきた人は誰？」など、常に監視されているよう……ということになると、自分と生活を守るために怒りの感情が湧いてくるのも当然です。

こういう人は他人の家や事情を詮索するのが好きなので、それを「プライバシーの侵害だから、やめてください！」と抗議したところでどうにもなりません。

平穏に暮らしたいと思ったとき、隣近所やママ友など、同じコミュニティの人とは仲良くすべきだと思いがちです。しかし、同じコミュニティでも、気が合う人もいれば合わない人もいるのは当たり前のことです。**全員と親しくする必要はないと頭を切り替え、付き合う人を選びましょう。親しく付き合う人もいれば、挨拶だけ交わす人もいていいのです。**

相手の接し方に合わせてイライラする必要はありません。その人と付き合うことで不幸が増えてしまうのならば、無理に仲良くせず、距離をおきましょう。

まとめ

近所だからといって、無条件で親しくしなければならないということはありません。一緒にいて不幸になるような相手とは距離を置き、イライラせず過ごせる人と付き合うようにしましょう。

Case 10

ママ友とのランチやお茶の誘いが断れない。自分の時間がなくて、余裕がもてない

ママ友との関係が難しいのは、そこに子どもが絡んでくるからです。苦手な人だと思っても、子ども同士の関係を考えると我慢して付き合ったほうがいいのかも……と考え、実際にそうしている人が多いようです。しかし、送り迎えの立ち話やランチにお茶にと誘われる回数が多くなると、仲良くなりたい相手ならいざ知らず、次第に付き合いが苦痛になってきます。子ども同士の関係もあるし、幼稚園や学校の情報が入りにくくなるし、かといってこの時間は楽しくないし……と葛藤する時間が増えるほど、イライラも強くなっていきます。

ここで起きているのは、優先順位の乱れです。母として子どもを最優先させるのか、あ

るいは子どもよりも自分の精神的な安定を優先させるのか、順位をつけることが必要なのです。

イライラしてしまうのは、本当は優先したくないものに時間を取られているからです。

子どもの立場を考えて行動することが最重要と考えがちですが、もっと自分のことを大切にしてもいいというお母さんはたくさんいます。それでイライラしない親でいられるのなら、子どもの心も穏やかでいられます。**ワガママでもいいではありませんか。自分ファーストで生きることが、結果として子どもによい影響を与えます。**

どうしても迷ってしまうなら、付き合いを断ち切るのではなく、誘いに乗る回数を減らしてみませんか？　それだけでも、心の平安は取り戻せるはずです。

まとめ

ママ友を通じて子ども同士の関係を充実させるのか、それとも自分の時間を充実させるのか、どちらを優先させるかの順位をつけましょう。自分ファーストで生きることで、結果的に家族も穏やかに過ごすことができます。

おわりに

とても処理できないほどの情報があふれている現代は、目の前に多くの価値観が広がっています。ＳＮＳの発達で、さまざまな価値観が目に見える形で提示されるようになってきました。子どもや夫が何もしてくれない、家族の関係がうまくいかないなど、日々の小さなストレスからイライラは募る一方で、同じ立場で華やかに生きているママ友を見て、自分なんか……と落ち込んだりすることも少なくないでしょう。本来の自分はもっとやれるはず、私も彼女たちのように「自分らしくいたい」、そう感じることもあるのではないでしょうか。

しかし、その「自分らしくいたい」という言葉の裏には「今の自分は、自分らしくない。自分ではない」という気持ちが隠されています。今の自分を受け入れられていないから、自分の理想とする姿を評価してほしくて、自己嫌悪に陥るのです。

つまり、「自分らしく」と思ったとたん、今の自分を否定してしまう、どこにいるのかわからない「本当の自分」を探し求めるという二重の苦しみを生んでしまうのです。

では、そこから脱却し、「これが私らしさ」と主張するのはどうでしょう。これは自分を否定する苦しみから解放されるように思えますが、実は自分が思い込んでいる「自分らしさ」に閉じ込められ、苦しむことになります。

SNSで素敵な生活を発信している人も、実は「これが私らしさ」と言い続けなければ自分がもたないという、「自分らしさの檻」にとらわれているケースも少なくないのです。

その根底には、「孤独」があります。孤独は怒りの火をより大きくさせる、効率のよい燃料です。私の言っている孤独とは、ひとりぼっちだから感じるものではありません。家族や友達がいても、孤独な人は孤独ですし、たとえ身寄りも友達もいなくても、孤独でない人もいます。

「孤独」な人とは、自分が、そして自分のしていることが受け入れられない人を指します。どんな状況であっても「今の私でいい」と思う人は孤独ではありません。怒りをコントロールでき、いつも心は平穏です。

大切なのは、今のありのままの自分を受け入れることです。それは、「自分らしさ」にこだわらず、自然体でいることだと私は考えています。

子育てについても同じことが言えます。子どもを正しく育てようと躍起になっていませんか？　真面目で優秀な「理想的な」子どもや夫を持つことで、自分を承認しようとしていませんか？　この夫を選んで正解だった、こんな子どもを育てた自分の生き方は正解だったと証明したい気持ちが、どこかに眠っているのかもしれません。

子どもが正しく育てば、自分の考えや選択が間違っていないと証明できるわけではありません。しかし、たくさんの選択肢がある現代において、唯一の「正解」を求めると、思い通りにならない子どもや夫にイライラしてしまうのです。

今のあなたでいいのです。もちろん、人間だからよいところも悪いところもあるでしょう。でも、それも全部合わせて自分です。たとえ自分の理想通りにならなかったとしても、無理に自分や相手を理想通りにしようとせず、「まあ、いいか」と受け入れてください。きっと今よりずっと楽になるし、無駄な怒りも減っていきます。そうしたら、あなただけでなく、周りももっと楽しく、ほがらかになっていくはずです。

この本で紹介したアンガーマネジメントの方法を使って、あなたが心地よい日々を送れることを祈っています。

2020年11月

一般社団法人日本アンガーマネジメント協会代表理事　安藤俊介

[著者プロフィール]

安藤俊介（あんどう しゅんすけ）

一般社団法人日本アンガーマネジメント協会 代表理事
アンガーマネジメントコンサルタント

怒りの感情と上手に付き合うための心理トレーニング「アンガーマネジメント」の日本の第一人者。アンガーマネジメントの理論、技術をアメリカから導入し、日本の考え方、慣習、文化に合うようにローカライズする。教育現場から企業まで幅広く講演、企業研修、セミナー、コーチングなどを行っている。ナショナルアンガーマネジメント協会では15名しか選ばれていない、最高ランクのトレーニングプロフェッショナルにアジア人としてただ一人選ばれている。主な著書に『アンガーマネジメント入門』（朝日新聞出版）、『[図解] アンガーマネジメント超入門 怒りが消える心のトレーニング』（ディスカヴァー・トゥエンティワン）などがある。著作はアメリカ、中国、台湾、韓国、タイ、ベトナムでも翻訳され、累計65万部を超える。

https://www.angermanagement.co.jp

イラスト	ヤマサキミノリ
装丁デザイン	宮下ヨシヲ（サイフォングラフィカ）
本文デザイン・DTP	渡辺靖子（リベラル社）
編集	安田卓馬・水戸志保（リベラル社）
編集協力	堀田康子
編集人	伊藤光恵（リベラル社）
営業	廣田修（リベラル社）

編集部　堀友香・山田吉之
営業部　津村卓・津田滋春・青木ちはる・澤順二・大野勝司・竹本健志・春日井ゆき恵
制作・営業コーディネーター　仲野進

お母さんのためのアンガーマネジメント
また、怒っちゃったがなくなる本

2020年11月28日　初版

著　者　安藤俊介
発行者　隅田直樹
発行所　株式会社　リベラル社
〒460-0008 名古屋市中区栄3-7-9 新鏡栄ビル8F
TEL 052-261-9101　FAX 052-261-9134　http://liberalsya.com
発　売　株式会社　星雲社（共同出版社・流通責任出版社）
〒112-0005 東京都文京区水道1-3-30
TEL 03-3868-3275

　ISBN978-4-434-28177-8